Prosper de Haulleville

LA DÉFINITION DU DROIT

Elibron Classics
www.elibron.com

Elibron Classics series.

ISBN 0-543-97576-2 (paperback)
ISBN 0-543-97575-4 (hardcover)

This Elibron Classics Replica Edition is an unabridged facsimile of the edition published in 1875 by Guillaumin et Cie, Paris.

LA

DÉFINITION DU DROIT

Bruxelles. — Impr. du Compt. univ., 26, rue Saint-Jean.

LA DÉFINITION

DU

DROIT

PAR

P. DE HAULLEVILLE

PARIS
GUILLAUMIN ET Cie
26, RUE RICHELIEU

1875

AVANT-PROPOS

Depuis vingt ans, je m'occupe d'études diverses sur la philosophie du droit, l'histoire du droit et le droit public. J'ai fait une sorte de traité avec les notes, écrites par moi, soit pour mon court enseignement universitaire, soit pour les besoins de ma carrière déjà longue de publiciste.

Quelques amis, qui ont lu ce traité, m'ont assuré que sa publication ne serait pas inutile pour la cause que nous défendons ensemble. J'ai écouté leur avis, trop bienveillant peut-être pour l'auteur ; mais je ne l'ai suivi qu'en partie.

En effet je ne laisse imprimer aujourd'hui que la théorie générale du droit seulement.

Si ce volume reçoit un accueil favorable, je pourrai, plus tard, compléter ma publication.

Le titre que j'ai choisi indique moins l'ensemble de mon livre que la partie originale de ma théorie.

INTRODUCTION

Partout où l'histoire nous montre des hommes vivant en société, nous trouvons, tantôt sous la forme d'usages ou de coutumes, tantôt sous la forme de lois, un ensemble de préceptes et d'institutions, destinés à régler les rapports de l'individu avec la société et les relations des individus entre eux.

A cet ensemble de préceptes et d'institutions, qui constituent la règle de cette société, le génie de la langue humaine a donné le nom de Droit. Dans toutes les langues, Règle et Droit sont métaphoriquement synonymes. C'est en ce sens qu'on dit le droit Hébreu, le droit Hellénique, le droit Romain, le droit Germanique, le droit Anglo-Saxon, le droit Hindou, etc. Jusqu'à ce que nous ayons trouvé une définition scientifique du droit, contentons-nous de cette définition empirique.

Tous ces corps de droit, le droit Anglo-Saxon, le droit Germanique, le droit Romain, etc. sont aussi différents par le nom que par la forme. Ils sont la manifestation de la vie réelle des nations, comme les langues sont l'expression sensible de la pensée des hommes. Pas de société sans langue, pas de nation sans droit. Le droit positif d'un peuple, c'est la pensée historique nationale. Connaître le droit d'un peuple, c'est connaître son histoire. Tel peuple, tel droit. Le droit c'est le peuple, comme le style c'est l'homme.

Différents par le nom et par la forme, les corps

de droit que j'ai cités et tous ceux que nous a transmis l'histoire de l'humanité, ont un fond commun, un point de départ identique et le même but. Comme dans tout ce qui a passé par les mains des hommes, le mal y règne à côté du bien, l'erreur s'y déploie à côté de la vérité. Mais l'analyse, même la plus superficielle, nous convainc qu'ils sont tous calqués sur le même modèle, qu'ils participent tous, à divers degrés, de principes universels, invariables, nécessaires, absolus, éternels.

Ce sont ces principes qui doivent surtout faire l'objet de notre étude qui est la philosophie du droit. La philosophie du droit est la science des premiers principes du droit.

L'objet de la philosophie du droit est simple et facile à saisir : pour l'indiquer il suffit d'énoncer cette définition. Mais le but de cette science est plus complexe.

L'homme n'a pas créé les idées éternelles. Être

fini et contingent, son action est finie et contingente. Le bien en soi, l'ordre en soi, le juste en soi existaient avant l'homme ; ils existent au-dessus de l'homme; ils existeraient, si même l'homme disparaissait de la création. Le but prochain de la philosophie du droit ne consiste donc pas dans la création des premiers principes du droit. La justice, l'immuable justice, n'a rien d'arbitraire : elle ne dépend pas du caprice plus ou moins bien dirigé de l'intelligence individuelle. Ce n'est pas le jurisconsulte ou le législateur, qui donne naissance à l'idée universelle du droit. Les jurisconsultes et les législateurs n'ont pas créé le droit, de même que Newton n'a pas créé l'attraction universelle.

Si le but prochain de la philosophie du droit ne consiste pas dans la création des premiers principes du droit, il ne réside pas non plus dans la conception d'un système de droit, plus ou moins bien fait et applicable, dans un temps plus ou moins prochain, à la pratique de la vie sociale. Nous faisons ici de la science ; et toute science a pour objet l'être et non le devenir. Nous expliquons et démontrons les caractères essentiels de l'ordre social, c'est-à-dire, l'origine et les fondements de la loi, de l'état, de l'autorité, de la liberté et de la justice, sans lesquels il n'y a pas de société possible. Il ne nous appartient pas de dire : voilà nos principes et voici leur application infaillible.

La philosophie du droit a un but plus rationnel et plus positif. Elle explique et démontre les principes suprêmes qui dominent toute la science du droit, ce qu'on peut appeler la loi du droit, cette loi dont Cicéron dit, dans sa *République* : « *Deus hujus legis inventor, disceptator, lator.* » De ces hauteurs, que l'adversaire de Catilina appelle, dans son traité des *Lois*, « *recta ratio summi Jovis* », de ces hauteurs, dis-je, la philosophie du droit descend à la vie finie et contingente des sociétés humaines. Elle prend l'homme réel, l'homme historique, l'homme tel qu'il a été, est et sera : l'homme doué d'intelligence et de liberté, fait pour la vérité et le bien, mais sujet à l'erreur et au mal. Elle montre que la fin des sociétés humaines est le maintien du bien existant et la réalisation du mieux ; que, s'il existe un idéal du bien, il y a un nombre infini de routes qui y conduisent, de même qu'il y a un nombre infini de rayons, différant à l'infini de grandeur, qui conduisent de la circonférence de l'ellypse au foyer. La génération du bien a la même marche chez les individus et les peuples.

Pour réaliser le bien, tous les hommes ne sont pas placés dans les mêmes conditions : les traditions de race et de famille, l'éducation, le degré de culture de l'intelligence et de la volonté, mille et mille autres causes arrêtent chez les uns ou excitent chez les autres le développement moral. Tel stimulant convient à l'un qui est fatal à l'autre. Et cependant, tous, s'ils font de leur liberté un usage rationnel, tendent au bien, chacun dans la mesure de ses forces. Le bien en soi, réalisé à divers degrés, reste le même : il domine tous les biens particuliers. Voilà un aperçu de la génération du bien chez les individus. On peut l'appliquer presque littéralement aux peuples.

En effet, les peuples ont leur libre arbitre,

comme les individus. Pour atteindre leur fin, ils doivent proportionner les moyens aux obstacles qu'ils ont à vaincre ; car, pour maintenir le bien existant et réaliser le mieux, toutes les nations ne sont pas placées dans des conditions égales. Les différences de races, de traditions, de mœurs nationales, de situation géographique, de besoins physiques, de ressources naturelles, etc. etc., sont autant d'éléments, dont une législation pratique doit tenir compte, sous peine de manquer son but. Telle institution favorise le développement national chez un peuple qui le paralyse chez un autre. Et cependant, tous les peuples, s'ils font de leur libre arbitre un usage rationnel, tendent au bien, chacun dans la mesure de ses forces. Le droit en soi, réalisé à divers degrés, reste le même : il domine tous les droits particuliers.

L'ordre universel de l'humanité, l'harmonie juridique des sociétés humaines ne consiste donc pas dans la réalisation chimérique d'un droit idéal, qui n'existe que dans les profondeurs mystérieuses et inaccessibles de l'absolu divin. Cette harmonie n'est pas subordonnée à la condition d'un droit mathématiquement uniforme, applicable au milieu des glaces de l'Islande comme sous le soleil torride de la Nubie, sur les bords hospitaliers du Tage comme sur les rives dangereuses du Gange. L'ordre ne consiste pas dans l'uniformité ; il est, au contraire, l'unité régissant une variété plus ou moins étendue de manières d'être.

En résumé, le but de la philosophie du droit est, d'une part, d'expliquer et de démontrer scientifiquement les principes premiers et universels du droit ; et, d'autre part, de marquer les rapports nécessaires qui existent entre ces premiers principes et la vie réelle, historique, des hommes et des peuples.

C'est en ce sens qu'on pourrait adopter pour la philosophie du droit la définition si connue d'Ulpien : « *Jurisprudentia est divinarum atque humanarum rerum notitia : justi atque injusti scientia.* » (*Fr.* 10. § 2, *Dig.*, *de Just. et Jure*, *l. I*, *t.* 1.)

La philosophie du droit, disais-je tantôt, montre que la fin des sociétés humaines est le maintien du bien existant et la réalisation du mieux. Le droit, qui n'est que l'expression concrète de ce principe fondamental, a donc de grandes et importantes affinités avec la morale, qui est la science du bien gouvernant le libre arbitre créé pour le conduire à sa fin. Nous exposerons plus tard et avec détails les liens étroits qui unissent le droit à la morale et les motifs naturels qui rendent nécessaire, non point une séparation radicale et absolue, mais une distinction précise et clairement définie de ces deux branches de la science du bien. Cette importante question recevra sa solution complète après que nous aurons rassemblé les éléments d'une définition scientifique du droit.

Mais, dès maintenant, nous pouvons indiquer brièvement la place que la philosophie du droit occupe dans la jurisprudence.

Par rapport au temps, qui est la mesure des

choses de ce monde, toute la science du droit se divise, en dernière analyse, en deux vastes parties.

Nos ancêtres ont observé et respecté des coutumes et des lois, qui ne nous régissent plus ou que le temps a complétement transformées. L'étude et l'appréciation fidèle de ces coutumes et de ces lois, la recherche de leur origine et des causes qui en ont amené l'abrogation ou la transformation, l'énumération et la critique impartiale des institutions qui leur servaient de soutien ou d'expression, constituent l'histoire du droit. L'histoire du droit, voilà la première branche de la science du droit.

La deuxième est ce qu'on est convenu d'appeler le droit positif. Il comprend l'ensemble des lois et usages actuellement en vigueur. De ces lois, les unes nous ont été léguées par le passé, comme, par exemple, le Code civil de 1804 et les ordonnances sur les eaux et forêts, qui datent du commencement du XVIIIe siècle ; les autres sont l'œuvre de notre génération, comme, par exemple, la loi du 16 décembre 1851 sur le régime hypothécaire.

Je vais exposer quelle me paraît être la relation entre la philosophie du droit d'une part, et l'histoire du droit et le droit positif d'autre part. Prenons d'abord l'histoire du droit.

Celsus disait : « *scire leges non est verba earum tenere , sed vim ac potestatem* (fr. 17 ,. *Dig.* , *de Legibus*, l. I , t. 3). » Il ne suffit pas de connaître le texte des lois : ce qu'il importe avant tout de savoir, c'est leur sens et leur esprit. Or, pour saisir le sens et l'esprit d'une législation positive, il faut combiner l'histoire du droit avec la philosophie du droit. La première est le complément indispensable de la seconde. Le droit n'a rien d'arbitraire : il ne dépend pas du caprice du législateur. « Les Codes des peuples se font avec le temps, dit Portalis dans le Discours préliminaire du Code civil de 1804, mais à proprement parler on ne les fait pas (1). » Je pourrais montrer, et par le Discours préliminaire que je viens de citer, et par les discussions au Conseil d'État, et

(1) LOCRÉ, *Legisl. civ., com. et crim. de la Fr.*, t. I, p. 265, ed. 1827.

par de nombreux articles du Code civil, l'utilité pratique actuelle de l'histoire du droit. Je préfère renvoyer aux travaux de M. Klimrath, dont la science regrette la mort prématurée, de MM. Giraud, Laboulaye, Laferrière, Troplong, Wolowski, etc., dont je n'ai ni le savoir, ni l'autorité. Ma tâche, d'ailleurs, se borne ici à insister sur l'importance théorique et scientifique de l'histoire du droit, au point de vue spécial du sujet que je traite. L'histoire est l'école de l'expérience. M. Cousin a écrit que c'est le flambeau de la philosophie. Un ancien avait déjà dit que c'est la prophétesse de la vérité. Un éminent économiste de ce temps, M. Wolowski, s'exprime de même dans un de ses écrits : « l'étude de l'histoire est le meilleur et le plus puissant antidote contre les romans sociaux et les fantaisies idéales. » « *Caeca sine historia jurisprudentia,* » s'écrie quelque part François Beaudouin.

Ce n'est pas, comme on l'a dit, un amour suranné pour une vaine érudition, qui a conduit tant de grands esprits à une conclusion identique. L'histoire du droit est le récit de six mille ans d'essais, plus ou moins complets, pour la réalisation du droit. C'est le monument vivant de la sagesse et des faiblesses des sociétés humaines. C'est le tableau, fécond en enseignements, de la lutte éternelle du bien et du mal, du juste et de l'injuste. Homère vante la sagesse d'Ulysse, « qui avait vu les villes et reconnu l'esprit de beaucoup d'hommes. » Dans le langage familier, on dit d'un homme très-ordinaire : il a du bon sens, car il a beaucoup voyagé. Eh bien, l'histoire du droit, c'est le voyage aux lointains pays de la justice et du bien. C'est un terrain impartial et neutre, où les esprits les plus opposés se rencontrent et déposent leurs préjugés. Celui qui l'a parcouru avec droiture et attention en rapporte des fruits inestimables. Il a vu le droit préexistant à la naissance des sociétés humaines ; il a observé les efforts de ces sociétés, pour organiser librement, par leur propre activité, les conditions nécessaires de leur existence et de leur développement; il s'est convaincu, jusqu'à l'évidence, que les peuples ont besoin du droit pour les guider, comme la terre a besoin de la lumière pour l'éclairer ; et il assiste, pour ainsi dire, au travail séculaire, qu'ils se sont imposés, pour s'assimiler, les uns plus tôt, les autres plus tard, les uns plus complétement, les autres plus incomplétement, tous suivant leurs moyens, leurs forces et leur position, les rayons de la justice éternelle. En un mot, l'histoire du droit nous montre, comment et jusqu'à quel degré la philosophie du droit s'est incarnée dans le droit positif ; et, réciproquement, l'histoire du droit est comme la contre-épreuve de la philosophie du droit : elle ressemble à ces règles empiriques, par lesquelles on s'assure de l'exactitude d'une démonstration arithmétique. Il y a donc entre l'histoire du droit et la philosophie du droit une relation intime.

La liaison du droit positif avec la philosophie du droit n'est pas moins étroite. Nous parlions tantôt des vicissitudes du droit à travers les générations, les races et les siècles : ces vicissitudes, ces changements sont la loi d'un monde fini et contingent. Le droit positif, le droit actuel subira, à son tour, la loi commune de tout ce qui passe par la main des hommes. Il se transformera : il sera changé dans beaucoup de ses dispositions. Qui sait ? Nos descendants riront peut-être irrévérencieusement de telle et telle loi, de tel et tel usage, qui jouissent actuellement de nos respects les plus légitimes. Ils riront comme nous rions de telle et telle disposition juridique des siècles écoulés. Mais ce qu'on ne changera pas, ce qui n'a jamais été changé, ce qu'on ne pourrait changer, sans renverser la société elle-même, ce à quoi on n'a jamais touché impunément, ce sont les premiers principes du droit, les principes nécessaires, immuables, universels, aussi durables que le monde : l'idée elle-même du droit ; son expression, c'est-à-dire la loi ; l'institution qui la réalise, c'est-à-dire l'état ; ses appuis naturels, c'est-à-dire l'autorité et la liberté; le règne du droit, c'est-à-dire la justice ; les institutions juridiques qui ont leur racine dans les profondeurs de la nature humaine, c'est-à-dire la famille, la propriété. Or, l'étude rationnelle de ces caractères fondamentaux du droit forme précisément l'objet principal de la philosophie du droit. La philosophie du droit est donc inséparable du droit positif, de même qu'elle est intimement liée à l'histoire du droit. Le droit positif actuel n'est que la combinaison relative de la philosophie du droit avec l'histoire du droit et les besoins actuels de la société. Il y a dans le droit positif deux éléments : un élément invariable, immuable, fondé sur la nature des choses, réalisé à l'état infiniment parfait dans l'absolu divin, compris et réalisé à divers degrés par la raison des nations ; et un élément variable, changeant, proportionné aux besoins divers de la société dans le temps et l'espace. Le droit positif est un rapport dont le premier terme est immuable et dont le second peut varier à l'infini.

La philosophie du droit domine donc toute la science du droit, et il convient de lui assigner une large place dans la classification des diverses parties de la jurisprudence, à laquelle elle sert à la fois d'introduction et de couronnement.

Après les courtes considérations auxquelles je viens de me livrer sur un sujet si vaste, il n'est pas inutile de démontrer la dignité et l'importance de la science que nous avons à parcourir.

Il semble qu'en Belgique et en France on n'attache pas une valeur suffisante à l'étude scientifique des sources du droit. Il semble que la préoccupation presque exclusive des jurisconsultes de ces pays est plutôt la pratique usuelle ou la jurisprudence du palais que la théorie philosophique du droit. Loin de moi la pensée de blâmer la tendance heureuse, quoique incomplète peut-être, qui produit les Stockmanss et les Pothier. Cependant on ne saurait se dissimuler que les pays, qui ont donné naissance aux Viglius d'Ayta, aux d'Aguesseau, aux Montesquieu, aux Rousseau et aux Bonald, sont inférieurs, pour la théorie philosophique du droit, à l'érudite nation, qui a vu sortir de son sein les doctrines de Leibnitz, de Kant, de Schelling et toute cette brillante phalange contemporaine dont les chefs portent des noms illustres :

Hugo, Savigny, Niebuhr, Eichhorn, Puchta, Thibaut, Zachariae, Gans, Ad. Müller, Jarcke, Walter, Stahl, Beseler, Philipps, Bluntschli, et beaucoup d'autres. Ce n'est pas que j'approuve toutes les idées des divers hommes distingués dont je viens de citer les noms. Mais, du moins, leurs laborieux et vastes travaux manifestent une grande vigueur d'esprit et une soif inaltérable des premiers principes des choses.

La recherche des premiers principes des choses est le besoin le plus profondément enraciné dans la nature humaine, la plus noble passion de l'esprit, la seule qui lui soit permise. Cette passion, que ressentent tous les hommes vraiment libres, est la marque ineffaçable de notre destinée immortelle, et le signe de notre royauté dans la création. Le juriste, qui n'éprouve pas le désir de rechercher la raison d'être, la source, les premiers principes de la science, qui lui apporte peut-être son pain quotidien, ressemble au riche inutile qui savoure les splendeurs de la nature sans se demander quel est son auteur. La science est jalouse : elle demande à être cultivée pour elle-même. C'est de cette manière que l'ont toujours traitée ses amis dévoués et fidèles.

Dans le monde, il est vrai, on ne raisonne pas toujours ainsi. Avant d'entreprendre une étude, on se demande à quoi elle mène et, quelquefois même, ce qu'elle doit rapporter. De nos jours surtout, on vous somme, avant de vous écouter, d'exposer l'utilité pratique, l'application matérielle, immédiate, de votre science. Comme si la science des principes des choses était inutile à la civilisation ou, tout au plus, une chose très-accessoire !

Heureusement, nous trouvons, dans la philosophie du droit, des éléments suffisants pour satisfaire ce besoin continuel d'utilité et d'application ; car elle est éminemment utile au jurisconsulte, au législateur, au magistrat, et au simple citoyen lui-même.

Au jurisconsulte. La jurisprudence est un labyrinthe inextricable, si l'on ne parvient pas à la ramener à l'unité, si l'on ne sait pas se placer à un point de vue élevé, d'où l'on puisse plonger dans les chemins innombrables qui la sillonnent. Quand on veut arpenter avec sûreté et fruit l'immense domaine du droit positif et de l'histoire du droit, il est absolument nécessaire de se munir d'une méthode en guise de boussole. Cette méthode, cette boussole, comme l'appelle Portalis dans le discours préliminaire du Code civil de 1804, c'est la philosophie du droit, c'est la science des premiers principes du droit. Sans cette méthode, tout paraîtra confusion et arbitraire, dans le droit privé comme dans le droit public, dans le dogme comme dans la procédure. Comment comprendrait-on la propriété, les contrats, les droits de famille, les successions, l'organisation de l'État, la loi pénale, la proportion de la peine et de l'infraction, si on ne connaît pas les fondements essentiels de ces institutions? Un poète, Casimir-Delavigne, par exemple, dira : « la chicane entoure son palais du dédale des formes. » Un procureur s'écriera d'une voix qui révolte l'équité vulgaire : « la forme emporte le fond. » Le jurisconsulte, d'Aguesseau par exemple,

affirmera majestueusement : « les formes sont la vie
« de la loi. Comment sans elles la mettrait-on à
« exécution ? Elles sont la sauvegarde de la for-
« tune, de l'honneur, de la vie des citoyens : elles
« sont le flambeau qui éclaire et garde la marche
« des magistrats. Le juge sans les formes est un
« pilote sans boussole. »

Si l'on ne subordonne pas l'étude et la pratique du droit à un principe supérieur, indépendant de la volonté humaine, toutes les institutions que nous présente l'histoire du droit doivent paraître également légitimes. On distinguera l'utile de ce qui ne l'est pas, l'intérêt de la perte, l'agréable du désagréable, l'avantageux du désavantageux. Mais, privé volontairement de la connaissance des premiers principes du droit, de la loi du droit, on ne distinguera pas essentiellement le juste de l'injuste. On aura la lettre du droit ; mais on n'en aura pas l'esprit. On deviendra un agent d'affaires plus ou moins adroit, un praticien plus ou moins habile ; mais un jurisconsulte, jamais.

Ces considérations sur l'utilité de l'étude de la

philosophie du droit s'appliquent avec plus de force encore aux fonctions du législateur, devenues si importantes dans le développement du droit au XIXᵉ siècle.

Les lois positives ne dépendent pas de la volonté arbitraire de celui qui les fait ou aide à les faire. Il faut inscrire ce principe en tête de toutes les pages de la philosophie du droit. Ceux qui ne veulent pas l'admettre, doivent se résoudre à légitimer toutes les législations iniques et tous les despotismes heureux. Dire que la loi est l'œuvre absolument exclusive et arbitraire du législateur, c'est dire en même temps que le droit a pour dernier fondement la force, puisque toute loi humaine a pour sanction finale la force. Or, philosophiquement, le droit n'a rien de commun avec la force : il en est la contradiction vivante. Cette vérité, nous la démontrerons surabondamment.

Elle est d'ailleurs aussi vieille que les sociétés humaines. Quand nous étudierons l'histoire de l'idée du droit, nous trouverons ces principes au fond de toutes les législations et chez tous les philosophes spiritualistes. Je pourrais citer toute la série des philosophes chrétiens ; mais je ne ferai parler que deux penseurs païens et l'une des plus fameuses assemblées de jurisconsultes-législateurs de ce siècle.

Chez Platon, l'idée du bien a une existence objective et absolue et elle est la source première et immanente du droit. Cette doctrine pure et féconde est obscurcie malheureusement par les rêves de l'auteur de la *République* et des *Lois*. Cicéron, dont la philosophie n'est que le résumé de la sagesse antique, donne à ce principe un caractère plus positif. Il parle de la loi suprême, « contre laquelle on ne peut légiférer, à laquelle on ne peut même partiellement déroger et qu'on ne peut abroger tout entière. » Ailleurs il dit encore : « nous ne pouvons être relevés de cette loi, ni par décret du sénat, ni par plébiscite. »

Toute la raison, toute la science du législateur tend donc à appliquer le plus exactement possible les principes éternels du droit aux besoins changeants de la société. L'œuvre législative est un rapport permanent entre la philosophie du droit et les faits. Tâche immense, mission redoutable, quand on songe aux principes à sauvegarder et aux intérêts à concilier. Chez les anciens, elle était l'occupation privilégiée des sages par excellence : de Minos en Crète, de Lycurgue à Sparte, de Solon à Athènes.

Une des plus célèbres assemblées de jurisconsultes-législateurs de notre siècle, la commission de rédaction du projet du code civil de 1804, a exprimé d'une manière excellente, par l'organe de Portalis, l'utilité de la philosophie du droit pour le législateur : « Quelle tâche, disait-elle dans le « Discours préliminaire, quelle tâche que la rédac- « tion d'une législation civile pour un grand peu- « ple ! L'ouvrage serait au-dessus des forces « humaines, s'il s'agissait de donner à ce peuple « une institution absolument nouvelle, et si, ou- « bliant qu'il occupe le premier rang parmi les « nations policées, on dédaignait de profiter de « l'expérience du passé, et de cette tradition de « bon sens, de règles et de maximes, qui est par-

« venue jusqu'à nous, et qui forme l'esprit des « siècles. — Les lois ne sont pas de purs actes de « puissance ; ce sont des actes de sagesse, de jus- « tice et de raison. Le législateur exerce moins « une autorité qu'un sacerdoce. Il ne doit pas per- « dre de vue que les lois sont faites pour les « hommes, et non les hommes pour les lois (1) ; « qu'elles doivent être adaptées au caractère, aux « habitudes, à la situation du peuple pour lequel « elles sont faites ; qu'il faut être sobre de nou- « veautés en matière de législation, parce que s'il « est possible, dans une institution nouvelle, de « calculer les avantages que la théorie nous offre, « il ne l'est pas de connaître tous les inconvé- « nients que la pratique seule peut découvrir ; « qu'il faut laisser le bien, si on est en doute du « mieux ; qu'en corrigeant un abus, il faut encore « voir les dangers de la correction même ; qu'il

(1) *De Reg. principum*, liv. III, c. 11 : « Regnum non est propter regem, sed rex propter regnum. » Moïse le savait bien, qui disait aux Hébreux : Je ne vous ai point donné les meilleures lois possibles ; je vous ai donné les meilleures lois dont votre tempérament consentit à s'accommoder.

« serait absurde de se livrer à des idées absolues « de perfection, dans des choses qui ne sont sus-« ceptibles que d'une bonté relative ; qu'au lieu de « changer les lois, il est presque toujours plus « utile de présenter aux citoyens de nouveaux « motifs de les aimer ; que l'histoire nous offre à « peine la promulgation de deux ou trois bonnes « lois dans l'espace de plusieurs siècles ; qu'enfin, « il n'appartient de proposer des changements, « qu'à ceux qui sont assez heureusement nés pour « pénétrer, d'un coup de génie, et par une sorte « d'illumination soudaine, toute la constitution d'un « état. » (Voy. Locré, *La législ. civ., com. et crim. de la France*, t. I, p. 254-59.)

Si l'étude de la philosophie du droit est indispensable au jurisconsulte en général et au législateur en particulier, elle est imposée au magistrat, non-seulement par les nécessités générales de ses importantes fonctions, mais indirectement, comme nous allons le dire, par la loi positive elle-même.

Hors du palais et des écoles, on croit assez vulgairement que tout notre droit est contenu dans les Cinq Codes et dans ce qu'en Belgique on appelle depuis quelques années le code des lois politiques et spéciales. Rien n'est plus inexact. Portalis, que j'aime à citer, non-seulement à cause de l'élévation de son esprit philosophique, mais surtout parce qu'il fut un des principaux auteurs de notre législation civile actuelle, Portalis disait au Conseil d'État : « Peu de causes « sont susceptibles d'être décidées d'après une « loi, d'après un texte précis : c'est par les « principes généraux, par la doctrine, par la « science du droit, qu'on a toujours prononcé sur « la plupart des contestations. Le Code civil ne dis- « pense pas de ces connaissances ; au contraire il les « suppose. » (Voy. Locré, ouv. cité, t. i, p. 403 ; séance du 14 thermidor, an ix.) Si quelqu'un doit posséder ces connaissances, c'est bien le magistrat. Juger, c'est appliquer la loi en esprit et en vérité. Appliquer la loi, c'est savoir l'interpréter. Interpréter la loi, c'est rechercher et déterminer l'intention et la volonté du législateur. Or, nous venons de démontrer de quelle importance la philosophie du droit est pour le législateur, de quel poids elle pèse sur l'intention et la volonté de ce dernier. Logiquement, l'étude sérieuse et la connaissance approfondie de la philosophie du droit sont donc absolument nécessaires au juge.

Dans les discussions, qui précédèrent la publication du Code civil qui nous régit, ces principes ont été proclamés plus d'une fois. Dans le projet du code, l'article 11 du Titre v du Livre préliminaire portait : « Dans les matières civiles, le juge, « à défaut de loi précise, est un ministre d'équité. « L'équité est le retour à la loi naturelle ou aux « usages reçus, dans le silence de la loi posi- « tive. » On lit dans le Discours préliminaire : « Si « l'on manque de loi, il faut consulter l'usage ou « l'équité. L'équité est le retour à la loi naturelle, « dans le silence, l'opposition ou l'obscurité des « lois positives. » (LOCRÉ, ouv. cité, t. I, p. 263.) Remarquez en passant l'alliance étroite que Portalis et ses collègues établissent entre l'équité et l'usage, c'est-à-dire, l'histoire du droit. Nous exposerons plus tard ce qu'il faut entendre par loi naturelle. Bornons-nous ici à dire que cette exposition est du domaine de la philosophie du droit.

La philosophie du droit, c'est-à-dire, la science des premiers principes du droit, est indispensable au jurisconsulte et au législateur ; elle est nécessaire au magistrat. Je vais démontrer brièvement que la connaissance rationnelle des principes généraux du droit est utile au simple citoyen lui-même.

Le droit, c'est le principe de la vie sociale. « *In jure etenim vivimus et movemur et sumus.* » Après les liens qui nous rattachent au monde surnaturel, il n'y a pas ici-bas de rapports plus importants, plus universels, plus nécessaires, que ceux qui naissent du droit. Ils nous accompagnent dans toute notre existence terrestre. Notre naissance, nos plus chères affections, notre vie, notre mort, la terre qui doit nous nourrir et jusqu'au petit monceau de gazon qui doit recouvrir notre enveloppe mortelle, nos relations les plus vulgaires avec nos semblables, tout ce qui constitue en un mot les éléments nécessaires de la vie sociale est objet du droit. Le droit nous intéresse donc tous : grands et petits, riches et pauvres, savants et ignorants. C'est la science des choses humaines, la science de la cité. Pour le citoyen, c'est la première des sciences, après la science des choses divines. La connaître, au moins dans sa forme générale, est non-seulement utile : c'est un devoir de bon citoyen.

L'histoire du droit nous montre des esprits, pleins de vigueur mais évidemment incomplets, qui, avec une énergie digne d'être mise au service de la vérité, ont cherché à prouver : que la société n'existe pas en vertu d'une loi naturelle ; que l'autorité dans la société est le résultat d'une déchéance dans la vie de l'humanité; que la liberté est la négation de toute loi; que la loi, à son tour, est la négation de toute liberté ; que l'idéal du droit est l'absence de toute règle, c'est-à-dire de tout droit, l'anarchie, l'état sauvage ; que la propriété, c'est le vol ; que Dieu, c'est le mal. Ces paradoxes, quelquefois brillamment défendus, jettent le trouble dans l'esprit le plus calme comme dans les sociétés les mieux constituées. Eh bien ! ce sont ces paradoxes, aussi dangereux que monstrueux, parce qu'ils flattent les passions viles, ce sont ces paradoxes que la philosophie du droit est chargée de poursuivre jusque dans leurs derniers retranchements. Prouver que la société existe aussi naturellement que le soleil ; que l'autorité, la liberté et la loi sont fondées dans la nature même des choses ; que la propriété est une institution aussi naturelle et aussi nécessaire que la famille ; que Dieu enfin est la loi vivante ; n'est-ce pas faire une chose éminemment utile, universellement utile ? On aimera, alors, l'autorité, la loi, la liberté, non pour les biens qu'elles peuvent procurer ou assurer, mais comme principes éternels, toujours vrais, toujours bons, toujours beaux. On saura que si le droit préexiste logiquement au devoir, le devoir préexiste historiquement au droit ; qu'à côté de la revendication des droits se place la prestation des devoirs. Enfin on sortira de cette étude avec la conviction inébranlable que le droit a un caractère sacré, et l'on comprendra ces légendes populaires qui placent l'intervention de la Divinité à l'origine des législations humaines.

Cette conviction engendrera le respect religieux de la loi. De tous temps, le respect de la loi a fait les grands citoyens et les grands peuples.

Ces indications générales disent assez que la philosophie du droit n'est pas une science nouvelle. Fondée sur les besoins les plus primitifs de la société humaine, elle est contemporaine de l'idée concrète du droit. Elle est mêlée, à divers degrés, aux plus antiques législations dont parlent les annales du monde. Aristide était juste avant que Socrate eut décrit la justice. Le peuple Romain pratiquait le droit civil avant que Papinien eut défini le *jus civile.* Moïse, Solon, Lycurgue, Clisthènes, Servius Tullius avaient leur doctrine sur le droit. Platon, Aristote, Cicéron, la plupart des jurisconsultes romains ont traité philosophiquement de la loi et de l'État. Dans les écrits de ces grands hommes, tel et tel principe fondamental du droit se trouve parfois plus rigoureusement et plus rationnellement présenté que dans les ouvrages de Pufendorf, dont Leibnitz disait : « *parum jurisconsultus et minime philosophus.* »

Gardons-nous aussi de croire que l'idée du droit était complétement oblitérée dans l'intervalle qui sépare la mort de Cicéron de la naissance de Hugues de Groot, dit Grotius. Le premier des quinze siècles, qui composent cet intervalle, fut témoin du plus grand fait de l'histoire de l'humanité, de la fondation de l'Église universelle. Les sublimes préceptes, qui du Golgotha rayonnèrent sur le monde entier, influèrent sur le développement du droit autant que sur toutes les autres branches de l'activité sociale. D'ailleurs, la formation du droit Romain, tel que nous le connaissons, est postérieure à la chute de la République, et la constitution politique et la législation civile et criminelle de l'Angleterre, de même que les sources de la plupart des législations modernes, notamment celles du Code civil de 1804, sont antérieures au XVIe siècle. Le lecteur connaît aussi le mot de

Montesquieu sur la constitution anglaise : « ce beau système a été trouvé dans les bois (*Esprit des Lois*, l. xi, ch. 7). » Les principes philosophiques du droit étaient enseignés dans la plupart des écoles du moyen-âge, comme partie intégrante, soit d'une chaire de théologie, soit d'une chaire de grammaire , soit d'une chaire de droit romain. Le célèbre livre *de regimine principum* est du xiiie siècle. La plupart des consuls et des podestà des communes italiennes et des communes du midi de la France , aux xiie et xiiie siècles , sortaient des universités de Bologne et de Montpellier. Mais c'est surtout dans la patrie de Machiavel et de Vico que la philosophie du droit était cultivée sous le nom de *théorie des deux puissances* ou de *politique*.

Je ne m'arrêterai pas maintenant aux détails historiques. Je dirai seulement que la première chaire SPÉCIALE de philosophie du droit, sous le nom de *jus naturae et gentium*, date de l'an 1661 ; que la première université où elle fut érigée est l'université de Heidelberg dans le grand-duché de Bade , et que le premier titulaire de cette chaire fut Samuel de Pufendorf.

Avant de terminer cette Introduction, il faut parler encore du plan de ce livre et de la méthode qué nous suivrons.

Sous le titre général de philosophie du droit, droit naturel, droit de la raison, droit rationnel droit de la nature et des gens, philosophie du droit comme doctrine naturelle du droit, etc. etc., on entend dans les universités allemandes et italiennes, l'étude rationnelle des principes généraux de la science du droit dans toutes ses branches. Ainsi entendu, le cours de philosophie du droit sert de préparation à l'histoire générale des législations positives et à l'encyclopédie du droit; et il comprend d'ordinaire :

1° L'histoire des diverses doctrines de droit, soit chez les philosophes et les jurisconsultes, soit dans les législations positives des diverses nations de l'univers.

2° La théorie philosophique du droit en général.

3° La philosophie du droit privé.

4° La philosophie du droit ecclésiastique (*jus ecclesiae, Kirchenrecht*).

5° La philosophie du droit public (*Staatsrecht*).

6° La philosophie du droit international.

Ce vaste programme ne nous est pas imposé.

Voici le plan que je me propose de suivre. Je diviserai mon étude en quatre parties principales : partie générale ; partie consacrée au droit privé ; partie consacrée au droit public ; partie historique. En voici le tableau :

I La partie générale comprendra :

1° Les fondements philosophiques du droit et de la morale, ce que les Italiens et les Allemands appellent assez souvent l'*Éthique*.

2° La notion du droit considéré dans son rapport avec la morale.

3° La notion et la détermination du droit considéré en lui-même comme institution sociale (le droit dans le sens objectif des Allemands).

4° La naissance, l'expression et les sources

du droit, c'est-à-dire la coutume, la loi et la science du droit (*ars jurisprudentiae*).

5° Le devoir juridique.

6° Les droits dans le droit (*jura*) ; ce que les Allemands appellent très-heureusement le droit dans le sens subjectif.

7° La synthèse ou le système du droit.

8° La division du droit.

9° Le règne du droit, c'est-à-dire, la justice et l'équité.

II. Dans la deuxième partie, consacrée spécialement au droit privé, je traiterai de la personne, des biens et de la famille ; dans l'ordre suivant :

A. Du droit de la personne, c'est-à-dire :

1° Des droits de la personne en général ;

2° De la liberté juridique ;

3° De l'égalité juridique ;

4° De la protection des droits acquis.

B. Du droit sur les biens, c'est-à-dire :

1° Des biens en général ou de la propriété dans le sens le plus étendu ;

2° Du droit personnel et du droit réel ;

3° Du droit sur les choses ;

4° De la possession ;

5° Des obligations et des contrats.

C. Du droit de famille, c'est-à-dire :

1° De la famille en général ;

2° Du mariage ;

3° Des rapports personnels et réels entre les parents et les enfants, spécialement de la puissance paternelle ;

4° Des collatéraux ;

5° De la tutelle, de la légitimation, de l'adoption ;

6° De la domesticité ;

7° Du droit de société ;

8° Du droit de succession.

III. Dans la troisième partie j'exposerai la théorie générale du droit public.

IV. Enfin, dans la troisième partie je ferai la contre-épreuve de mes conclusions par l'histoire de l'idée concrète du droit, par l'exposition et la critique des doctrines qui ont été produites sur l'origine et la détermination du droit depuis l'antiquité jusqu'à nos jours.

Je ne publie aujourd'hui que la première partie de cette vaste étude.

Je vais terminer cette introduction par quelques mots sur la méthode. Pour étudier avec fruit une science quelconque, il est nécessaire que l'esprit se soumette à une discipline sévère. En d'autres termes, il lui faut un cadre déterminé, qu'il puisse à chaque moment embrasser d'un coup d'œil sûr, dans l'ensemble et les détails ; pas trop étroit, car l'esprit né pour l'éternité veut de l'espace pour se déployer ; pas trop vaste, car l'homme vit dans le temps. La discipline, à laquelle je fais allusion, je la propose dans le plan que je viens d'esquisser, en me réservant de la déterminer avec plus de précision encore au début de l'exposition de chacun des divers sujets compris dans le cadre indiqué.

Mais si j'admets la nécessité d'une discipline rigoureuse dans l'exposition, je ne veux pas cependant laisser croire que dans ma pensée une telle étude s'adresse moins à l'intelligence qu'à la mémoire. Si vous placez la science dans la sensation ou dans les signes (comme Condillac, par exemple, pour qui la science est une langue bien faite), elle peut se transmettre pour ainsi dire matériellement d'une âme à une autre : l'objet ou le signe vous étant représenté, vous recouvrez à l'instant la science aussi complète que possible. Mais si vous croyez que la science n'est qu'un état de l'esprit, fait pour connaître la vérité et s'attacher au bien, qu'elle est une sorte d'expansion de l'âme s'élançant vers une connaissance de plus en plus haute de l'être qui l'environne et s'attachant de plus en plus à l'être connu, si vous croyez tout cela, enseigner c'est exciter la pensée d'autrui pour l'engager à se mettre elle-même en mouvement.

Ce que nous rechercherons donc, ce n'est pas un ordre artificiel attaché à quelques chiffres ou *littera* de classification, mais l'ordre naturel, la libre allure de notre science. Nous laisserons de côté, autant que possible, toutes ces divisions et subdivisions, qui égarent parfois et obscurcissent fort souvent l'intelligence dans les questions les plus simples, et qui d'ordinaire n'ont de valeur que pour l'usage personnel de leur auteur. La philosophie du droit n'est pas un cours d'algèbre ; et l'ordre n'est pas la symétrie.

Ce que nous éviterons surtout, c'est l'abus de l'abstraction, plus dangereuse dans la science du droit que dans toute autre science d'utilité sociale. Nous ne sommes pas seulement esprit, mais nous sommes esprit et corps. Nous ne vivons pas dans le vide, mais sur la terre et de la vie sociale, c'est-à-dire, de la vie réelle. Dans la vie terrestre, il ne s'agit pas de faire abstraction de la matière ; il faut soumettre la matière à l'esprit ; car c'est dans cet art difficile que consiste tout le secret de la vie.

C'est pour ce motif que j'essaierai de vivifier, de matérialiser, si j'ose dire, toutes les déductions auxquelles nous conduira le raisonnement ; et cela, au moyen des faits, au moyen de l'histoire.

L'objet de ce livre est donc la théorie générale du droit.

CHAPITRE I.

FONDEMENTS PHILOSOPHIQUES DU DROIT ET DE LA MORALE OU ÉTHIQUE.

OBSERVATIONS PRÉLIMINAIRES.

J. J. Rousseau s'était proposé un problème, qu'il comparaît à la quadrature du cercle : trouver une forme de gouvernement, qui mette la loi au-dessus de l'homme (Lettre au Marquis de Mirabeau, du 28 juillet 1767). C'est une partie de ce problème que nous avons à resoudre. Nous avons à déterminer la génération du droit, le principe immuable sur lequel il repose, le fond vivant, la source immanente d'où découlent toutes les lois humaines. En un mot, il faut démontrer scientifiquement où l'idée du droit prend sa source.

Cette étude suppose la connaissance des vérités mères, sans lesquelles le droit lui-même n'aurait aucune raison d'être. Il me suffira de les nommer, pour en prouver l'absolue nécessité. Ces vérités, incarnées dans les faits avant que la philosophie les démontre, sont : d'une part, l'existence d'un Dieu personnel qui a librement créé le monde et qui le gouverne par sa Providence ; d'autre part, la spiritualité, la personnalité, la liberté et l'immortalité de l'âme humaine.

Parmi les développements philosophiques que je vais exposer, je donnerai aux uns une forme plus abrégée, aux autres un caractère plus métaphysique.

L'idée la plus simple, la plus nécessaire, la plus universelle de l'esprit humain, c'est l'idée d'être. Il est impossible de supposer une intelligence, d'où elle soit exclue. Elle est aussi nécessaire dans l'esprit que dans le langage ; elle est aussi nécessaire dans la pensée que le verbe dans le signe de la pensée. D'une certaine manière, toute science n'est que l'étude de l'être, soit en Dieu, soit en nous, soit dans le monde extérieur.

A chaque instant de la vie, l'être est déployé en nous. Toutes nos facultés, leurs modifications et leurs rapports sont le déploiement de l'être qui nous a été départi. Par l'intelligence, l'être s'étale à lui-même, se représente à lui-même : en tant que représenté dans l'intelligence, l'être s'appelle le vrai. Mais, sous peine de rentrer dans le néant, l'être ne peut rester indifférent à lui-même ; la volonté doit s'attacher à l'être connu représenté dans l'intelligence : en tant que germe de cet attachement, l'être s'appelle le bien.

La vérité et le bien ne sont, en un certain sens métaphysique, que les deux faces de l'être. La vérité, c'est l'être connu. Le bien, c'est l'être aimé.

Après l'être, ce qu'il y a donc de plus nécessaire à l'homme, c'est la vérité et le bien. Pour persévérer dans l'être, l'homme doit s'attacher à l'être ; et pour s'attacher à l'être, pour l'aimer, il doit le connaître. La vérité renferme ainsi en soi quelque chose de passif ; elle forme l'essence de l'intelligence. Le bien au contraire renferme quelque chose d'actif ; il forme l'essence de la volonté. Il est inutile d'observer que, cette distinction, nous la faisons pour la courte vue de notre intelligence, pour les besoins de la méthode scientifique ; car l'intelligence est dans la volonté et la volonté est dans l'intelligence. Comment comprendriez-vous, si vous n'aimez pas ?

Le bien est le principe universel d'action. Si, par impossible, vous cessiez absolument (je dis absolument), un seul instant, de vouloir le bien, vous cesseriez d'être. C'est pourquoi, tout est action dans l'esprit ; tout est action dans la société.

Or, le droit lui-même n'est que la règle des hommes vivant, c'est-à-dire agissant en société. A priori, on peut donc affirmer que le droit a pour premier principe le bien ; que l'idée du bien est la source de l'idée du droit. Car l'idée de droit n'est pas *sui generis*, c'est-à-dire, simple ; elle est, comme l'indique d'ailleurs le mot droit lui-même, une idée de direction, de rapport.

Pour comprendre et étudier l'idée de droit, il faut donc comprendre et étudier l'idée de bien. L'étude de l'idée de BIEN, ce que les Grecs et les Allemands appellent souvent l'Ethique, constitue le fondement philosophique de la MORALE et du DROIT.

C'est cette étude que nous allons commencer. Nous parlerons d'abord du bien en général et de sa nature ; puis nous traiterons successivement du bien par rapport à Dieu, par rapport à l'homme et par rapport à la société. A cette occasion nous exposerons la nature et l'origine de la société.

Le but de toute cette étude, que je m'efforcerai de rendre aussi courte que possible, est fort simple : c'est la démonstration scientifique d'un principe connu de tout le monde et appliqué chaque jour sous nos yeux, à savoir que le bien est la règle de la volonté créée individuelle, comme il est la règle de la volonté sociale ou nationale.

I.

DU BIEN EN GÉNÉRAL.

A. Existence de l'idée du bien dans l'esprit humain.

L'idée du bien existe au sein de l'intelligence humaine : nous l'avons montré tantôt. Le bien, c'est l'être voulu, aimé : si vous n'aimez pas l'être, vous ne serez pas. *Qui non amat manet in morte.* Le mal, c'est tout ce qui haît l'être : le mal en soi, métaphysiquement, s'appelle le non-être.

L'idée du bien est donc sans cesse présente à l'esprit : c'est à elle que nous mesurons les pensées, les sentiments, les volitions et les actes, soit en nous-mêmes, soit dans nos semblables, soit même dans le monde physique.

Un mot de la langue que je parle en ce moment prouve à l'évidence l'association naturelle des idées d'être et de bien : le bien-être. Chacun recherche son bien-être. Il est inutile d'ajouter que j'emploie ici ce mot dans sa signification spiritualiste.

B. Caractères de l'idée du bien.

1° Elle est *sui generis*.

Cette idée du bien, qui est comme l'atmosphère de l'être, quand il est libre, est une idée simple, *sui generis*. En effet, nous savons déjà qu'elle se distingue de l'idée du vrai. Le bien ne se confond pas non plus avec l'utile, qui n'a pas sa fin en soi ; ni avec l'agréable, qui s'adresse aux sens, varie et change ; ni avec le beau et le juste, qui sont des idées de rapport, ou plutôt une forme particulière du bien lui-même.

L'idée du bien est catégorique, comme diraient les Allemands. En continuant son analyse, nous verrons qu'elle est

2° Universelle.

Vous connaissez cette pensée de Pascal, imitée de Montaigne : « On ne voit presque rien de juste « et d'injuste qui ne change de qualité, en chan- « geant de climat. Trois degrés d'élévation du « pôle renversent toute la jurisprudence. Un mé- « ridien décide de la vérité, ou peu d'années de la « possession. Les lois fondamentales changent. « Le droit a ses époques. Plaisante justice, qu'une « rivière ou une montagne borne ! Vérité en deçà « des Pyrenées, erreur au-delà (*Pensées*, part. I, « art. VI, pens. 8). » Cette boutade (car l'illustre penseur de Port-Royal établit lui-même, en divers autres passages et avec une admirable énergie, que le juste et l'injuste changent dans l'opinion des hommes, mais non de nature en soi), cette boutade, dis-je, résume toutes les objections contre l'universalité de l'idée du bien. Voici comment Portalis les réfute : « On argumente de la diversité « des coutumes et des usages reçus chez les divers « peuples, pour prouver qu'il n'y a point de morale « naturelle et universelle ; autant aimerais-je que « l'on argumentât de la diversité des langues, « pour prouver que le don de la parole n'est pas « une faculté naturelle et universelle chez les peu- « ples. » (*De l'usage et de l'abus de l'esprit philosophique durant le XVIII*e *siècle*, t. II, p. 53.) La pensée citée du célèbre géomètre et toutes argumentations analogues prouvent précisément le contraire de ce qu'elles semblent contester. En effet, traduisez-les, comme saint Augustin (*De Trinit.*, lib. 8, c. 3) le montrait, il y a quinze siècles, sous la forme suivante : ici tel bien, là tel autre bien, plus loin un troisième bien, ici encore un quatrième bien, et ainsi de suite. Dans ces diverses propositions, le fond est le même : c'est le bien ; et ce bien, c'est le bien en soi.

Les hommes peuvent se tromper, et ils se trompent, en effet, sur leur bien particulier. Mais ce qu'ils désirent tous sans exception, c'est le bien en soi, dont ils ont tous une idée plus ou moins claire. Tous les hommes sans exception sont attachés à l'être, ils aiment l'être, ils veulent être de plus en plus. Ils ont donc tous l'idée du bien.

L'idée du bien est donc universelle. Elle est aussi

3° Nécessaire.

C'est-à-dire qu'elle oblige tous les êtres qui la possèdent. Nous l'avons prouvé, l'idée du bien est la condition absolue de l'existence : si vous voulez continuer à être, vous devez aimer l'être ; et l'être aimé, c'est le bien.

On dit vulgairement d'un homme de bien : il est intègre (d'*integer*, entier, dont on n'a rien ôté).

Aimer le mal, c'est aimer le néant. C'est pourquoi il n'y a pas dans l'univers entier un être absolument mauvais. Se représenter un homme complétement dépourvu de l'idée du bien, un homme qui n'aimerait absolument que le mal, est impossible. La proposition, dans laquelle on essaierait de formuler cette pensée chimérique , reviendrait à celle-ci : l'être n'est pas. Ce qui serait l'idéal de l'absurde.

L'idée du bien est donc quelque chose de *sui generis*, d'universel , de nécessaire. Elle est enfin

4° Immuable, absolue, éternelle.

J'ai l'idée d'être ; et cette idée est le lien même de l'identité de ma nature dans la pensée. Mais quel être suis-je ?

A cette question mille voix me crient : tu es un être dépendant, limité, soumis à des règles que tu n'as pas faites. Tu penses , c'est-à-dire tu sais , tu aimes et tu veux : tu aperçois l'être , tu aimes et tu veux l'être. Mais à mesure que tu avances dans la connaissance de l'être , c'est-à-dire dans la vérité , tu vois son cercle s'élargir : plus tu sais , et plus tu vois que tu ne sais pas. Tu aimes et veux l'être, c'est-à-dire le bien ; mais l'être que tu aimes et veux fuit sans cesse devant toi ; plus tu avances , plus il recule et plus il t'attire ; plus tu le possèdes, plus tu veux le posséder. Quel est donc ce bien que je poursuis, sans trève, ni relâche ?

Sont-ce les biens décevants de ce monde ? Non, je les méprise. — Sont-ce mes semblables, est-ce l'être de mes semblables que j'aime ? Oui, certes, mais seulement comme une faible imitation du grand bien que je désire. — Est-ce mon propre être ? Je sens que je l'aime, mais il ne satisfait pas mon amour.

Au-delà des biens de ce monde, au-delà du bien de mes semblables, au-delà de mon propre bien, au-delà de tous ces biens changeants, relatifs, contingents, finis, incomplets, j'aspire à un bien qui ne change pas, sans réserve, supérieur au temps et à l'espace. Pour obtenir ce bien, que je pressens, dont je connais la loi, mais que je ne pourrais définir, je me sens capable de tout ce que me permet la loi de mon existence. Si, dans ma course incessante vers lui, la mort elle-même venait à me barrer le passage, je dirai : puisque sur cette route infinie qui conduit au bien, je n'ai pu atteindre mon but en deçà de l'accident qui s'appelle la mort, je l'atteindrai au-delà. Pour arriver au bien, je passerai au travers de la mort. Car la mort n'est pas le but de mon voyage, elle n'est que le moyen pour arriver au terme. La mort ne vient pas du bien, puisqu'elle est un obstacle au bien ; elle est donc l'œuvre de l'ennemi du bien.

De cette analyse de la génération et du développement de l'idée du bien dans l'esprit humain, nous sommes autorisés à conclure avec évidence, que le bien en soi, indépendant de la volonté humaine puisqu'il en est l'objet, est au-dessus de la vie finie et terrestre, qu'il est au-dessus du temps et de l'espace créés, qu'il est immuable, absolu, éternel, comme il est universel et nécessaire.

Élevons-nous maintenant à une contemplation plus haute de cette idée. Étudions

II.

LE BIEN PAR RAPPORT A DIEU.

A. Le bien en soi s'identifie avec Dieu.

Cette idée du bien, ainsi caractérisée, d'où nous vient-elle ? — Elle n'est pas le produit d'une désespérante illusion, puisqu'elle est la condition de l'idée d'être. — Nous ne la tirons pas de notre propre fond, elle n'est pas le résultat d'une combinaison logique de nos pensées, puisque ce n'est qu'à la lumière qu'elle projette dans notre esprit que nous mesurons ce qui nous manque et que nous acquérons la certitude que le bien qui est nôtre n'est pas le bien véritable : l'idée du bien qui est nôtre joue dans notre esprit le même rôle que les quantités négatives jouent en algèbre et en physique ; $-x$ ne se comprend que par $+x$; cinq degrés de froid sont égaux à — 5 degrés de chaud. —

L'idée du bien universelle, nécessaire, immuable, absolue, éternelle, ne peut être que le reflet d'un être de même nature dans l'esprit humain : le bien en soi, c'est Dieu lui-même.

Les sceptiques de toute nature contesteront ce raisonnement. Vous avez l'idée du bien absolu, diront-ils, cela est incontestable ; mais vous ne pouvez, sur la foi de votre esprit, transporter cette idée dans la réalité : il se pourrait que cette réalité existât, mais il se pourrait aussi que vous fussiez le jouet d'une illusion. — A cela, il faut répondre que notre raisonnement est aussi légitime que celui du géomètre qui prouve algébriquement que l'asymptote se rapproche constamment de la parabole sans jamais se confondre avec elle : tracez la figure, et vous croirez aussi être dans l'illusion ; et cependant ce théorème est vrai, on le démontre, chaque jour on en fait des applications et la réalité répond chaque jour à l'idée que la démonstration a rendu certaine. — Que dis-je ? je suis plus certain de l'existence objective du bien absolu que de la vérité du théorème des asymptotes ; et cela pour une raison très-simple, c'est que je suis moi-même intéressé à la démonstration de l'existence objective du bien dont dépend la certitude de ma propre réalité ; ce n'est que par elle que je comprends mon propre être. Faites en vous-même l'expérience : plusieurs de mes lecteurs peut-être ne connaissent pas la théorie des asymptotes ; car pour y arriver il faut des études assez étendues d'analyse et de synthèse géométriques ; si je leur expliquais directement cette théorie, ils ne me comprendraient pas. J'aime à croire cependant que tous me comprennent quand je parle du bien. — En un mot, celui qui nie la légitimité de notre raisonnement nie l'être lui-même : ce qui est absurde.

Du principe, que le bien en soi s'identifie avec Dieu, sortent trois conséquences importantes : la première, c'est que l'idée du bien, en nous, n'est qu'un rayon, un reflet du bien absolu. La deuxième, c'est que notre âme est en rapport continuel avec Dieu.

La troisième, c'est que

B. Le bien en soi s'identifie spécialement avec la volonté absolue de Dieu.

Car, si le bien en soi s'identifie avec Dieu, il est la règle nécessaire de la volonté absolue de Dieu. Dieu est l'être absolu : l'intelligence divine, en contemplant son être, contemple la vérité absolue ; et la volonté divine, infinie comme l'intelligence, veut nécessairement le bien absolu. En connaissant son être, Dieu connaît la vérité en soi ; en voulant, en aimant son être, il veut, il aime le bien en soi ; la vérité en soi, c'est Dieu connu ; le bien en soi, c'est Dieu aimé.

L'acte toujours identique, par lequel, de toute éternité, la volonté divine s'attache à l'être divin, c'est-à-dire, réalise le bien en soi, est nécessaire ; et cependant il est libre dans le vrai sens du mot.

J'ouvre ici une parenthèse pour qu'on ne puisse même un instant se méprendre sur le sens de ma pensée. Je vais exposer, en quelques mots, le rapport qui existe entre

C. Le bien en soi ou la volonté absolue de Dieu et la Liberté.

Certains écrivains déduisent le bien de ce qu'ils appellent la libre volonté de Dieu, c'est-à-dire, s'il est permis de s'exprimer ainsi, de l'arbitraire de Dieu. Vous connaissez cette théorie professée par Okkam et, en partie, par Descartes lui-même : son dernier représentant le plus connu dans les écoles est Crusius.

Son erreur fondamentale provient d'une vue incomplète de l'ontologie. En effet, le bien en soi, c'est Dieu lui-même, c'est Dieu aimé : or, Dieu ne peut pas ne pas s'aimer ; l'être absolu s'attache au bien absolu. Cet acte est libre. Disons mieux, il forme le type des actes libres.

En effet, l'essence de la liberté ne consiste pas dans le choix entre le mal et le bien. La vraie liberté, au contraire, c'est de vouloir le bien et de ne vouloir que le bien. Si la liberté consistait dans le choix, on arriverait à cette conséquence absurde, que l'homme vertueux par excellence serait le moins libre des hommes, et que Dieu, le type absolu de l'infinie perfection, serait le moins libre des êtres ; car l'homme vertueux ne choisit pas, il va droit au bien, et Dieu, loin de choisir, ne s'attache qu'au bien absolu.

Est libre, tout être doué d'intelligence et de volonté ; et la liberté n'est pas distincte de cette intelligence et de cette volonté. Dire que Dieu n'est pas libre, parce qu'il s'attache nécessairement au bien absolu, revient à dire qu'il n'est pas libre parce qu'il veut continuer à être. En s'attachant au bien en soi, Dieu obéit à son essence même ; il ne subit aucune violence, il ne cède pas à une force étrangère, à une espèce de destin ; mais il ne relève que de lui, il n'obéit qu'à lui-même. Pour que Dieu fût complétement libre, il faudrait donc qu'il eût une nature autre que la nature divine ! Cela ne peut se soutenir.

Je ne suis pas obligé de donner ici une théorie complète sur la liberté. Mais en y réfléchissant bien, le lecteur reconnaîtra que le choix entre le bien et le mal, qui existe réellement, est précisément la cause de l'imperfection de notre liberté.

La possibilité de choisir est un effet de l'imperfection de la volonté créée.

Ainsi donc l'idée du bien est une idée universelle, nécessaire, immuable, absolue, éternelle, dans l'esprit humain. Le bien lui-même, le bien en soi, c'est Dieu; le bien en soi est la règle de la volonté absolue de Dieu.

Passons à la troisième partie de l'étude du bien.

III.

DU BIEN PAR RAPPORT A L'ÊTRE INDIVIDUEL OU L'HOMME.

A. Le bien est la règle de la volonté créée.

1° Génération partielle et successive du bien dans l'être créé.

En Dieu, le bien est absolu et infini, parce que l'amour divin, la volonté divine est infinie comme l'être divin.

Dans la nature créée, dans l'homme, le bien est

relatif et fini, parce que la volonté humaine est bornée dans son essor et que l'être humain est imparfait, ne renferme pas la plénitude de l'être.

Dès l'instant, où nous sommes appelés à l'existence, nous réalisons le bien, à tel ou tel degré, parce que la réalisation du bien est la condition de notre existence. Depuis cet instant, nous ne restons pas stationnaires et indifférents à nous-mêmes : sous peine de reculer sur l'échelle du non-être jusqu'aux limites du néant, nous devons nous attacher sans cesse à des biens nouveaux, à des biens supérieurs. Il se produit donc en nous une génération continuelle de bien : spirituellement, nous progressons ou nous devrions progresser dans la voie de la vérité et du bien, comme physiquement nous croïssons en force et en grandeur, c'est-à-dire, successivement. Philosophiquement, la nature de l'esprit est la même chez l'enfant et chez Leibnitz, comme physiologiquement l'enfant qui vient de naître a la même nature physique qu'un athlète. Entre l'esprit de l'enfant et celui de Leibnitz, entre le corps de l'enfant et celui de l'athlète, il n'y a qu'une différence de degré.

Si l'esprit de cet enfant se développe normalement, c'est-à-dire, s'il marche d'un pas libre et résolu vers la connaissance de la vérité et l'amour du bien, il accroîtra le domaine de son être. Il augmentera la vérité et le bien qui lui sont propres.

Mais où ira-t-il chercher cette augmentation de vérité et de bien, cet accroissement d'être ?

2° Causes de l'accroissement du bien chez les êtres créés.

Est-ce dans son propre fond ? La seule pensée en est contradictoire. Comment ! il est incapable de se créer un doigt matériel et périssable, et il pourrait, absolument de lui-même, se créer un bien spirituel et impérissable ! Alors le fini produirait l'infini, l'ignorance et l'erreur engendreraient la vérité, le vice et le mal donneraient naissance au bien, l'être sortirait du non-être ? Cela est impossible : l'esprit se refuse à la conception d'une telle pensée.

A chaque instant de la durée, nous avons tel et

tel degré d'être, nous connaissons telle et telle vérité, nous voulons tel et tel bien. Mais aussi, à chaque instant de la durée, nous voulons être davantage, nous aspirons à des vérités plus hautes que celles que nous possédons, nous voulons nous élever à des biens supérieurs aux biens auxquels nous sommes déjà attachés. D'où tirons-nous cet accroissement d'être, ces vérités plus hautes, ces biens supérieurs? Évidemment de ce qui est par soi, de la vérité en soi, du bien en soi. Nous possédons en propre l'intelligence et la volonté, c'est-à-dire la liberté, le désir de la vérité, le désir du bien; mais le supplément d'être qui résulte pour nous de la réalisation positive de telle ou telle vérité, de tel ou tel bien, nous le devons à Dieu. Et c'est en ce sens, qu'il est rigoureusement exact de dire que Dieu est la source vivante de toute vérité, de tout bien et de tout progrès.

3° Le bien absolu, type du bien à réaliser par les êtres créés.

Quand nous réalisons le bien, nous prenons pour

type, non le bien relatif qui est nôtre et qui est précisément celui qui doit être accru, mais le bien absolu, qui est hors de nous. Certes, nous aimons le bien qui est déjà nôtre, car on ne peut aimer le bien en général, sans aimer les biens particuliers. Certes aussi la loi du bien absolu se retrouve à l'état d'imitation dans les biens particuliers : la copie reflète nécessairement les lignes principales de l'original. Mais on aimera toujours mieux l'original que la copie. Prendre pour type de perfectionnement le bien relatif, qui est nôtre, ce serait ressembler à un ouvrier qui prendrait pour modèle le travail même qu'il doit perfectionner. On s'aime soi-même, mais on aime par-dessus tout le bien absolu, c'est-à-dire Dieu. En d'autres termes, le bien absolu est la règle de la volonté créée.

Creusons plus profondément les fondements de ce premier principe de la vie.

4° Pourquoi le bien absolu est la règle de la volonté créée.

Cela est et cela devait être.

Tout ce qui existe a été créé par Dieu, soit directement, soit indirectement. Dieu est donc le modèle de la création ; car, hors de lui, au commencement, il n'y avait rien ; il a dû prendre en lui-même le type de la création. Aussi sommes-nous faits à l'image de Dieu : l'esprit humain est l'image de l'esprit divin. C'est à cette ineffable destinée que nous devons la connaissance de la loi de l'existence divine.

En Dieu, qui est la toute science et la toute perfection, il y a une génération éternelle de toutes les vérités possibles et de tous les biens possibles, perçus à tous leurs degrés possibles et dans tous leurs rapports possibles. Dans l'unité absolue de son infinitude, Dieu se représente de toute éternité par un acte toujours identique toutes les séries d'êtres possibles avec toutes leurs modifications possibles. En se connaissant comme la vérité absolue, il connaît aussi tous les êtres possibles ; en s'aimant comme le bien absolu, il aime aussi tous les êtres possibles, chacun suivant le degré de bien qu'il représente. Mais tous ces êtres possibles, qui sont autant d'imitations de son propre être, Dieu les conçoit, par un acte toujours identique, dans leur rapport avec l'unité, c'est-à-dire le principe universel dont ils dépendent; et ce principe universel est l'être même de Dieu, contemplé par son intelligence et voulu par sa volonté. Ces imitations de l'être divin, ces essences métaphysiques, comme on est convenu de les appeler, suivent donc, chacune d'après le rang qu'elle occupe, les lois de l'être divin. Le type de leur intelligence est l'intelligence divine; le type de leur volonté est la volonté divine. Or, la règle nécessaire de la volonté de Dieu, c'est le bien absolu; le bien est la règle de la volonté divine. Le bien sera donc aussi la règle de la volonté des essences métaphysiques.

La création a été la réalisation partielle dans le temps des essences métaphysiques qui peuplent en nombre infini et de toute éternité l'intelligence divine. Il est donc scientifiquement exact de dire que le bien est la règle de la volonté créée.

Dieu ne pouvant vouloir que le bien, la créature est sortie bonne des mains du Créateur. Sa perfection toutefois était relative, parce qu'il doit toujours rester une distance infinie entre la créature et le Créateur. La règle de son intelligence était la vérité ; la règle de sa volonté, le bien ; mais la vérité et le bien, ramenés à leur source. Voilà ce que la raison naturelle nous permet de découvrir dans les profondeurs mystérieuses du plan divin.

Tant que les êtres créés, doués d'intelligence et de volonté, c'est-à-dire, de liberté, resteront conformes à ce plan, ils seront bons ; quand ils s'en éloignent, ils deviennent mauvais. Quand la raison humaine s'écarte de la voie de la raison divine, elle se rend tributaire de l'erreur ; quand la volonté humaine s'écarte de la voie du bien absolu, elle se rend esclave du mal. En vertu du redoutable privilége de sa liberté, l'homme a, il est vrai, le pouvoir, la faculté de s'écarter de la voie du bien absolu ; il peut, s'il en a le triste courage, décheoir dans l'échelle des êtres jusqu'aux limites du non-être ; mais il ne peut détruire la règle immuable du bien, qui est le fond même de sa nature, la condition absolue de son existence.

Quoi qu'il pense, dise ou fasse, cette règle est présente dans son esprit. Il peut fermer les yeux, se boucher les oreilles, protester ou nier. Vains efforts. Il lira toujours ces traits éclatants gravés au sein de sa conscience : fais le bien. Il entendra sans cesse ces paroles formidables et douces : fais le bien. Pense ce que je pense, veux ce que je veux, sois comme je suis : ce cri parcourt la création entière.

Il est donc démontré, que, le bien est la règle de la volonté créée, c'est-à-dire, que, le bien s'impose à la volonté humaine avec une autorité souveraine, à laquelle la volonté humaine peut résister, mais qu'elle ne peut détruire.

Achevons immédiatement l'étude de ce principe capital, en déterminant rigoureusement les

B. Caractères principaux de la règle du bien par rapport aux êtres créés.

Nous en avons déjà parlé implicitement. Répétons-les succinctement.

Le bien en soi, avons-nous démontré, est quelque

chose d'universel, de nécessaire, d'immuable, d'absolu, d'éternel. Posé en face de la volonté humaine, le bien conservera les mêmes caractères : il engendrera une règle universelle, nécessaire, immuable, absolue, éternelle. — Cette vérité peut se démontrer encore autrement. Je dis, par exemple, que la règle du bien est une règle nécessaire pour les êtres créés. En effet, cette règle est telle pour les possibles représentés dans l'intelligence divine ; car ces possibles suivent la loi de l'être divin lui-même. Or, toutes les créatures ne font qu'exprimer l'essence même de Dieu imité à tel ou tel degré. Toutes les créatures, chacune suivant le rang qu'elle occupe dans l'ordre des possibles, sont l'imitation de la perfection absolue. Ce qu'elles sont comme possibles représentés en Dieu elles ne cessent pas de l'être, au moment où elles sont réalisées par la toute puissance créatrice. — L'universalité, l'immutabilité, le caractère absolu, l'éternité de la règle du bien peuvent se démontrer par le même raisonnement.

Je dis aussi, que, la règle du bien est objective,

évidente par elle-même ; elle porte en soi sa raison d'être ; elle est concrète.

Elle est objective, c'est-à-dire, conforme à la nature humaine, mais indépendante de l'esprit humain. Elle est conforme à la nature humaine, car elle est la loi même de son existence : on ne continuerait pas à être, si on ne s'attachait pas à l'être. La règle du bien est indépendante de l'esprit humain, puisqu'elle est universelle, nécessaire, immuable, absolue, éternelle : elle ne peut donc se confondre avec l'esprit humain, qui est créé, contingent, fini, changeant. Ontologiquement, la règle du bien s'adresse à la nature physique comme à la nature spirituelle, puisqu'elle est la loi nécessaire de l'être ; mais l'homme seul l'observe librement.

La règle du bien est évidente par elle-même, comme toute vérité nécessaire. J'entends une évidence objective. Imaginez, si vous pouvez, un homme qui n'aurait jamais eu l'idée du bien ; la règle du bien n'en conservera pas moins en soi la lumière qui la rendra évidente, si cet homme veut se donner la peine de l'étudier : ce n'est pas l'esprit qui crée cette lumière, il ne peut que l'apercevoir là où elle existe. La somme des angles d'un triangle est égale à deux angles droits : voilà une vérité nécessaire, qui restera vraie, quand même vous n'étudieriez jamais la géometrie plane. La règle du bien a même, quoiqu'on en dise, une sorte d'évidence subjective ; car elle est la loi de tout être. Tout homme venant en ce monde aperçoit plus ou moins confusément cette règle ; car tant qu'il sera, il s'attachera à l'être, et tant qu'il s'attachera à l'être, il aura une certaine connaissance de l'être.

La règle du bien porte en soi sa raison d'être ; car elle s'identifie avec le bien absolu. Elle n'a pas eu de législateur ; car elle est elle-même le législateur. Pour exister, elle n'a pas besoin de s'appuyer sur une règle antérieure ou supérieure ; elle est elle-même la règle par excellence, elle est autonome.

Enfin, la règle du bien n'est pas quelque chose d'abstrait, quelque chose de purement idéal, quelque chose d'impersonnel. Les êtres concrets ne peuvent être soumis à des règles abstraites : il leur faut des règles analogues à leur nature, des règles concrètes. A des personnes, il faut des règles émanant d'une personne : les vivants ne peuvent se laisser conduire par ce qui n'est pas. Universelle, nécessaire, immuable, absolue, éternelle ; objective ; évidente comme le soleil pour ceux qui ouvrent les yeux pour le regarder ; existant par soi ; la règle du bien est concrète, personnelle, vivante. Elle est la réalité absolue, la personnalité suprême, la vie à sa source. C'est la chaîne d'or qui suspend la terre au ciel, comme dit Portalis. C'est Dieu rendu sensible au cœur humain. C'est Dieu traçant lui-même sur le livre de la vie humaine la loi éternelle de l'existence : sois, connais, aime.

Pour terminer l'étude du bien, il nous reste à traiter :

IV.

DU BIEN PAR RAPPORT A L'ÉTAT SOCIAL OU LA SOCIÉTÉ.

Il faut faire sur les hommes réunis en société, sur la société, l'étude que nous venons d'achever sur l'homme lui-même. Pour y parvenir sûrement, transportons-nous au cœur même de notre sujet. Tâchons d'exposer clairement la nature de la société et son origine. Et d'abord

A. Nature de la société.

1° De l'idée de société et du fait de la société.

Procédons comme les physiciens, qui expliquent le mouvement, au milieu du mouvement. Avant d'en rechercher l'origine, ils constatent le fait ; et pour établir leur thèse, ils ne débutent pas en supposant qu'au commencement le mouvement n'existait pas. Cette observation préliminaire n'était pas inutile ; car il est des écrivains, même célèbres, qui, pour expliquer la société, ont raisonné comme si au commencement la société n'existait pas.

Nous avons l'idée de société : cela est incontestable. Donnons-lui une racine ontologique.

Je suis certain que Dieu est, que je suis, et que l'univers dans lequel je suis est. Je suis, c'est-à-dire je me représente l'être et je m'attache à l'être connu : je suis en communication avec la vérité et le bien. La source de cette vérité et de ce bien, c'est Dieu. Il existe donc entre moi et Dieu une association, une société, la première et la plus naturelle des sociétés. Fussé-je seul au monde, cette société existerait. Je ne puis même concevoir comment cette société n'existerait pas ; car elle est la condition de mon existence. En supposant même que moi, le seul habitant de ce vaste univers, le roi de la création, je n'existe pas, je dois encore admettre que j'existerais néanmoins comme possible au sein de l'intelligence divine. A l'instant même où surgit dans mon esprit cette supposition, je vois là dans le monde intelligible de l'existence divine une infinité d'autres possibles de la même nature que mon propre possible. Tous nous exprimons, à divers degrés, une imitation particulière de l'être divin :

notre intelligence est l'imitation de l'intelligence divine ; notre volonté, l'imitation de la volonté divine. Il existe entre nous un accord harmonieux, car tous nous sommes conçus dans notre rapport avec l'unité suprême. Cette société idéalo est une société parfaite, car elle est formée au siége de la toute-perfection. Quels en sont les caractères fondamentaux ? D'abord une variété sans terme ramenée à une unité idéale; ensuite une unité parfaite de but, la vérité et le bien suprêmes ; enfin un accord parfait des intelligences et des volontés, pour atteindre ce but. Voilà l'idée de la société.

Mais trève de supposition. Je n'existe pas seul dans l'univers. De quelque côté que je considère ce temple superbe, que Dieu a créé pour sa gloire, partout où je jette les yeux, dans les cinq parties du monde, mes regards rencontrent des êtres faits comme moi. Du moins ces êtres ont essentiellement la même forme extérieure que la mienne. Ils vivent à côté de moi, se meuvent comme moi. A ne considérer ce nombre immense mais déterminé d'individus que sous leur rapport purement arithmétique, je ne dirai certainement pas : voilà une société. Car un sac de froment, qui renferme un nombre immense mais déterminé de choses individuelles appelées grains de froment, n'est pas une société. Je dirai : voilà une pluralité ; car jusqu'ici je puis croire que tous ces individus qui me ressemblent sont des choses. Mais la scène change qnand je me mets en communication avec ces êtres qui me ressemblent physiquement. Je pense et je veux, je leur fais part de mes pensées et de mes volitions, au moyen de signes : leurs pensées et leurs volitions répondent aux miennes et ils me le prouvent au moyen de signes analogues. Ils cherchent la vérité et le bien comme je cherche la vérité et le bien. Je me rappelle alors la société naturelle entre moi et Dieu et cette société idéale qui existe comme possible au sein de l'intelligence divine ; et je me dis : ce nombre immense d'individus humains n'est pas une pluralité, un nombre sans unité : c'est une société, modelée sur l'idée de société qui existe en Dieu. En effet, il existe entre tous les hommes un lien obligatoire. Doués d'intelligence et de volonté, tous les hommes sont moralement forcés de rechercher la vérité et de s'attacher au bien. Or, il n'y a qu'une vérité, il n'y a qu'un bien : la vérité suprême, le bien absolu. Il y a donc au sein de l'humanité une unité naturelle et nécessaire, un lien naturel et obligatoire.

2° Caractères du lien social.

C'est ce lien obligatoire, cette unité de but, qui forme le premier fondement de la société humaine, comme de toute société possible. L'idée de société renferme l'idée d'une fin unique résultant d'une même connaissance et produisant l'union des volontés dans une même tendance. Un exemple rendra cette notion plus claire encore. Supposez cinquante savants, enfermés dans une vaste salle, et tous occupés à étudier individuellement une inscription cunéiforme : ils n'ont entre eux aucun rapport ; chacun étudie pour soi. On ne dira pas : voilà une société de savants, mais une juxtaposition de savants. Tous appliquent leur intelligence et leur volonté à l'inscription ; mais ils ne visent pas à une fin unique : les uns s'appliquent au sens de l'inscription, les autres en étudient les signes, d'autres encore en comparent l'écriture à l'écriture runique, à l'écriture druidique, etc. etc. Supposez maintenant que le gouvernement du roi, désireux de contribuer aux progrès de la science historique, nomme une commission de cinquante savants, qu'il charge de préciser le sens de l'inscription en question : dès ce moment, se révèle à vous l'idée d'une société de savants, parce que ces savants viseront à une fin unique.

Puisque cet exemple est posé, tirons-en le dernier caractère du bien social. Nos cinquante savants, investis de la confiance du gouvernement du roi, ne se borneront pas à tendre silencieusement à une fin unique, en y appliquant tous individuellement leur intelligence et leur volonté. Cette fin unique sera pour eux une fin commune. L'union des intelligences produira l'union des efforts, et l'union des efforts amènera l'union ou la communauté des moyens. Ces moyens sont avant tout spirituels ; mais, de toute nécessité, ils doivent se manifester extérieurement par des signes matériels.

Les caractères de la société sont donc les suivants :

Unité de but,

Accord des intelligences et union des volontés,

Communauté de moyens.

Et nous pouvons définir la société humaine une réunion d'hommes qui s'accordent dans la poursuite d'un but unique et commun, connu et voulu par tous. — Ces considérations nous permettent de déterminer le

3° Rapport de la société dans le temps avec la société au-delà du temps.

La société humaine vit provisoirement dans le temps ; mais elle ne finira pas avec le temps. Elle existe, dans le temps, par l'identité d'une même fin voulue et poursuivie par tous, mais non encore obtenue. Au-delà du temps, quand l'homme sera en possession du bien, que sa nature réclame si impérieusement, la société existera par la communauté d'une même fin obtenue.

Mais il ne suffit pas de dire : la société existe et telle est sa nature. Il faut encore déterminer comment la société existe, c'est-à-dire, démontrer

B. L'origine naturelle et nécessaire de la société humaine.

1° Théories sur l'origine conventionnelle de la société. Leur erreur fondamentale.

Les intempérances de l'esprit de système ont rendu la démonstration scientifique de l'origine naturelle de la société nécessaire. Cela peut paraître étrange ; car enfin nous proclamons d'instinct la nécessité de la société. Et pourtant des théories entières ont été construites sur l'idée de société artificielle, sur une *fictio juris* (c'est le terme reçu). Des systèmes de droit, des édifices politiques même ont été bâtis sur ces théories Ces théories, ces systèmes, ces constitutions politiques, nous les exposerons peut-être un jour dans la partie historique de ces études. Une seule observation nous fera comprendre l'erreur fondamentale des adversaires de l'origine naturelle de la société humaine. Ils traitent des devoirs réciproques des hommes entre eux, antérieurement à toute idée de société. Or, un tel procédé scientifique est entaché d'un vice radical : car c'est là précisément ce qu'il faut démontrer. Si les hommes ont des devoirs réciproques, c'est qu'il existe entre eux des relations réciproques antérieures à tout devoir ; et ces relations elles-mêmes seraient inconcevables, s'il n'existait pas entre les hommes un lien qui produit ces relations. Ces devoirs réciproques supposent quelque chose d'antérieur, une cause génératrice. L'idée de société est donc inséparable de l'idée du genre humain. C'est ce que nous allons prouver d'une manière péremptoire.

2° Démonstration de l'origine naturelle et nécessaire de la société.

a) Par l'existence du bien.

Si faire le bien c'est aimer l'être, et si cet amour de l'être est une loi nécessaire de l'existence, je ne puis aimer l'être de Dieu et mon propre être, sans aimer l'être partout où je le trouve. Si dans un tableau je vois une belle tête, je trouverai cette tête belle quand même je la rencontrerai dans un autre tableau. Si j'aime le bien en soi, je dois nécessairement aimer tous les degrés du bien en soi, toutes les imitations du bien en soi. Je dois donc aimer mes semblables comme moi-même, c'est-à-dire de la même manière. Voilà le raisonnement que je fais en moi-même, qui découle naturellement de la loi de mon existence, et qu'en vertu de cette même loi tous les hommes individuellement doivent faire. Dès que deux hommes sont en présence, à l'instant même il s'établit entre eux une société et une société nécessaire, car elle est produite par les principes constitutifs de la nature humaine, par l'intelligence et la volonté, organes de la vérité et du bien. Le lien qui unira ces deux hommes, l'amour de l'être, c'est-à-dire le bien, ne sera pas factice, car il est la source de toute réalité, une loi de l'existence ; il ne dépend pas de l'homme, il est indépendant de l'esprit humain, puisqu'il est antérieur à toute existence créée.

Ainsi considéré, le bien, cette tendance commune qui unit toutes les volontés créées, ce lien social antérieur et supérieur à toute société réalisée dans le temps et l'espace, tient à la racine même de notre existence spirituelle. L'idée de société était donc implicitement contenue dans la parole mystérieuse et toute-puissante du *Fiat* créateur.

b) Par l'existence même de l'homme.

Retournez la question comme vous voudrez, vous trouverez toujours l'idée de société à l'origine de notre être tout entier.

L'esprit humain est créé pour la vérité et le bien : voilà sa raison d'être. Eh bien, faites abstraction de la société nécessaire, et, à l'instant même, vous condamnerez l'esprit à une éternelle enfance, c'est-à-dire, vous aboutirez à une absurdité ; car, d'un côté, vous proclamez avec une certitude irrésistible que vous tendez indéfiniment à l'être, c'est-à-dire, à la vérité et au bien ; et, de l'autre côté, vous reconnaissez, avec non moins de certitude, que cette loi naturelle de votre être vous conduit au non-être.

Vous retrouverez encore la société à notre origine physique. Cette origine dépend, non de nous-mêmes, mais de la société de deux êtres intelligents et libres, unis non-seulement pour nous donner l'existence, mais pour nous faire persévérer dans l'existence. La vie physique de l'individu a donc un besoin absolu de la société.

De la société nécessaire dépendent donc et notre vie morale et notre vie physique.

Je pourrais montrer que la vie matérielle de la société, l'industrie, les arts etc., déposent également en faveur du principe que j'expose. Mais je préfère recourir aux seuls arguments métaphysiques.

c) *Par le langage.*

Vous connaissez la célèbre controverse sur l'origine du langage. Quelque solution que vous donniez à ce difficile problème, vous arriverez infailliblement à conclure à l'origine naturelle et nécessaire de la société. Si le langage a été donné à l'homme, il a fallu qu'on le lui enseignât : or, l'enseignement suppose la société. Si le langage est l'œuvre des hommes, l'invention n'a pu être faite par un seul homme, mais par l'accord de plusieurs hommes ; or, cet accord suppose un lien social préalable.

d) Par la guerre.

La guerre, antithèse de la société, était bannie de l'*état de nature*, selon Rousseau ; elle était le caractère même de cet *état de nature*, selon Hobbes. Disons, nous, que la guerre est une preuve de l'origine naturelle de la société. En effet, l'idée de guerre est postérieure à l'idée de société ; car vous pouvez au moins imaginer une société sans guerre ; mais vous ne pouvez imaginer une guerre sans société préalable, à moins de supposer la guerre de tous contre tous, ce qui nous ravalerait à un degré inférieur à celui de la brute et ce qui aurait rendu la propagation de l'espèce humaine chimérique, puisque tous luttant contre tous, la société domestique elle-même, source de toute société civile, aurait été impossible.

Quelle a toujours été et quelle est encore la raison de la légitimité de la guerre? l'intérêt de la société : les guerres les plus injustes ont eu ce motif pour prétexte. Hélas!

Avant la première guerre qui ait ensanglanté le livre de l'histoire, il y avait nécessairement une paix, à moins de supposer (ce qui est démenti par la raison) que les hommes, images de Dieu, sont sortis en rugissant des mains du Créateur infiniment bon et souverainement pacifique. Or, cet état de paix, c'est la société; dans cet état, les lois naturelles de l'être peuvent se déployer à l'aise; et, les lois de l'être se déployant, la société est.

e) Par la loi de solidarité physique et spirituelle qui existe dans l'Humanité comme dans la Nature.

Vous avez remarqué bien souvent le grandiose enchaînement de toutes choses dans l'univers. Tout y est proportionné avec un art infini. Depuis l'étoile fixe, dont la lumière met 4000 ans à nous parvenir, jusqu'au brin d'herbe de nos prairies, tout tend sans cesse à un ordre, à une harmonie, dont le spectacle nous plonge dans le ravissement. Dans cet ordre, toutes choses, les grandes comme les petites, sont soumises entre elles à une loi de parfaite solidarité.

L'humanité nous offre un spectacle plus admirable encore ; car du sein de l'ordre qui y règne surgit un élément que le monde extérieur ne connaît pas : la liberté. Le père et la mère protègent avec amour l'inertie et la faiblesse de l'enfant. Un jour viendra, où l'enfant soutiendra à son tour les membres débiles de ses parents. C'est sur les genoux de sa mère qu'il a appris à bégayer le grand nom de Dieu ; c'est son père qui a formé son intelligence et dirigé sa volonté. A son tour, l'enfant récitera à sa mère, prête à quitter la vie du temps, les prières qu'elle lui a apprises et il suppléera à la débilité de l'esprit paternel, qui l'a initié à la vérité et au bien. Les parents ouvrent les yeux de l'enfant; l'enfant ferme les paupières de ses parents. A l'homme, la vigueur du corps et l'énergie de l'esprit ; à la femme, la force de la grâce et la puissance du sentiment ; à l'enfant et au vieillard, l'ascendant de la faiblesse elle-même. La prudence du vieillard vient au secours de l'inexpérience du jeune homme ; la vigueur physique du jeune homme soutient la faiblesse corporelle du vieillard. Le savant donne à l'ignorant le pain de l'esprit ; l'ignorant rend au savant la nourriture du corps.

Prolongez cette comparaison, vous trouverez partout la même loi de solidarité, qui tend toujours et d'une manière nécessaire à niveler les inégalités naturelles des individus pour les conduire à une égalité d'action, le principe même de la vie sociale.

Cette loi de solidarité, que l'homme exécute avec intelligence et liberté, n'a pas été faite par lui, puisqu'il la subit souvent malgré lui. Elle est, comme on dit, dans la nature des choses, c'est-à-dire, son origine se confond avec celle de la création elle-même.

f) Par l'histoire.

Nous nous interdisons, en ce moment, de sortir des limites de la raison naturelle. Si nous transportions la question sur le terrain des faits, dans le domaine de l'histoire, notre solution rationnelle se trouverait confirmée par les témoignages les plus solennels et les plus authentiques.

Mais pratiquement, l'origine naturelle et la nécessité de la société sont des questions résolues et incontestables.

Ce qui nous importait ici, c'était de réfuter scientifiquement l'hypothèse gratuite d'un prétendu état de nature, antérieur et opposé à la société, de rattacher l'origine de la société à l'origine morale et physique des hommes eux-mêmes et de prouver ainsi que le véritable état de nature, c'est la société.

Alors

C. La société n'est pas une diminution de la liberté de chacun au profit de la liberté de tous.

Car la société existe en vertu d'une loi naturelle. L'homme, en se laissant subjuguer par le lien social, obéit à sa propre essence ; et il ne lui est pas libre d'obéir ou de ne pas obéir à sa propre essence. A ce compte, Dieu lui-même ne serait pas libre.

Ce n'est qu'en partant d'une idée fausse sur la liberté, qu'on peut arriver à soutenir que la société absorbe une part de la liberté de chacun au profit de la liberté de tous. C'est Kant qui, dans ce siècle, a surtout vulgarisé ce principe erroné. Sans s'en douter peut-être, car le philosophe de Königsberg, dont la doctrine du droit part d'un point de vue inacceptable (nous le verrons), ne se sert pas, dans l'espèce, du mot liberté (Freiheit), mais, ce qui est bien différent, du mot arbitraire (Wilkür). Si l'on dit : la société est l'union des hommes renonçant chacun à l'arbitraire individuel au profit de la liberté de tous, on ne donnera pas une définition fondamentale de la société, mais du moins on ne prononcera pas une hérésie philosophique. La définition ainsi entendue ne donne que la description d'une des conséquences de l'existence de la société.

La liberté de l'homme n'est pas l'arbitraire, la liberté du sauvage. Qui dit liberté, ne dit pas absence de règle. Au contraire, l'homme parfait est celui qui ne dévie pas de la règle, et sa liberté consiste à ne pas vouloir (je dis vouloir) dévier de cette règle. Cette règle est celle de l'amour de l'être connu, c'est-à-dire, du bien. Loin de dire que dans la société l'homme perd une partie de sa liberté, nous affirmons que c'est dans la société seulement que la liberté humaine se perfectionne, parce que c'est par elle que s'accroît l'être, c'est-à-dire la vérité et par conséquent le bien, et que tant croissent la vérité et le bien, tant augmente la liberté.

Après tout ce que nous venons de dire, il est inutile de démontrer longuement que

D. Le bien est la règle de la société.

C'est-à-dire de la volonté sociale; car nous avons prouvé que l'idée de société tient à la racine même de l'idée d'être et, par conséquent, de l'idée de bien : toute notre étude a roulé autour de l'idée du bien comme autour d'un pivot. Il est donc superflu de revenir sur ce que nous avons amplement démontré. D'ailleurs, par rapport au bien, la volonté sociale n'est que la réunion des volontés individuelles.

Cette étude du bien nous conduit aux notions de *morale* et de *droit*.

CHAPITRE II.

NOTION DU DROIT CONSIDÉRÉ DANS SON RAPPORT AVEC LA MORALE.

INTRODUCTION.

DU BIEN DANS L'IDÉE DE FIN ET DANS L'IDÉE D'ORDRE.

Tout être a un but, une destination, une fin dernière, à laquelle sont subordonnées toutes ses tendances particulières. C'est dans la constance plus ou moins parfaite de cette subordination des tendances particulières et multiples à la tendance finale et unique, que consiste l'ordre plus ou moins parfait de cet être.

Chaque être offre donc un ordre particulier :

Dieu a son ordre, l'homme a son ordre, la société a son ordre, la nature a son ordre. L'ensemble de ces ordres particuliers constitue l'ordre universel.

La fin dernière d'un être et son bien sont identiques. Car le but de l'être, c'est évidemment d'être; or, le bien, qui est l'être aimé, est la condition de l'être. La fin dernière d'un être, c'est son bien ; le bien d'un être, c'est sa fin.

Je fais ces observations préliminaires, pour aider à saisir nettement la signification précise des termes *fin* et *ordre*, que je vais employer pour la facilité de l'exposition des idées suivantes.

1° Dualisme de la science du bien pour la société dans le temps.

Absolument parlant, le but de l'éthique, de la science du bien, est un, universellement un : c'est le bien. Devant Dieu, toutes les actions sont jugées par un procédé unique. Pour lui, la science du bien est indivisible : pour lui, une action va à l'être ou elle va au non-être, elle est bonne ou elle est mauvaise. Infiniment intelligent, absolu et un par sa nature, il juge tout par une règle absolue et unique. Que dis-je ! l'acte par lequel il juge, est toujours le même et il est de toute éternité.

Il en est autrement dans la nature finie et créée. La science du bien y donne naissance à un dualisme, qui n'existe pas en soi, mais qui est inhérent à la nature finie et contingente des hommes et à la nature de la société dans le temps. Ce dualisme, qui, nous le démontrerons, ne finira qu'avec la société dans le temps, c'est la *Morale* et le *Droit*.

C'est ce dualisme que je vais décrire, limiter et préciser.

La fin dernière de l'homme en général, c'est le bien. Toutes ses tendances particulières doivent être ramenées par lui, en vertu de la loi de son être, à cette fin unique. C'est ce que l'on appelle généralement l'*ordre moral*.

L'ordre moral existe malgré l'individu ; j'entends l'institution de l'ordre moral. L'individu peut résister à son accomplissement parfait au dedans de lui. Au lieu d'accroitre son être, conformément à sa nature, en réalisant le bien, il a la faculté de diminuer son être, en faisant le mal. Il peut troubler l'ordre, mais il ne peut l'anéantir. Dans le douloureux combat qu'il livrera à la loi de son être, il peut s'annihiler de plus en plus ; mais jusqu'aux dernières limites du non-être, il restera attaché à la douce chaîne qui l'attire vers le bien. Il pourra entamer sa propre substance, mais l'ordre moral, engendré par le bien, est indestructible.

Pourquoi ? Parce qu'il est la loi immuable et nécessaire de l'être, parce qu'il est absolu, parce qu'il est indépendant du temps et de l'espace ; et que l'être lui-même est indestructible.

En d'autres termes, l'homme a, en vertu du redoutable privilége de la liberté, le pouvoir, mais non le droit, de résister à la règle du bien. L'ordre moral, troublé par la volonté de l'agent libre, sera nécessairement rétabli ou équilibré ; car l'agent libre est immortel, l'ordre moral se prolonge jusque dans l'éternité, et la sanction de la loi morale est indépendante du temps, de l'espace et de la volonté des hommes.

Voilà le domaine propre de la *morale*, qui est, pour moi, inséparable de la *religion.*

La fin dernière de la société dans le temps, c'est toujours le bien ; mais le bien, poursuivi par l'accord des intelligences, l'union des volontés et la communauté des moyens. Toutes les tendances particulières et multiples doivent être ramenées, en vertu de la loi générale de l'être, à cette tendance dernière et unique. A ce rapport entre les tendances particulières et la tendance finale, entre la variété humaine et l'unité sociale, nous donnerons le nom d'*ordre social*. Je prie le lecteur de n'attacher aucune signification exclusive à ces deux mots, avant d'avoir entendu tous les développements que ce chapitre comporte.

L'ordre social est objectivement nécessaire, puisque la société est nécessaire. Nous avons démontré que la société est la condition même de l'existence individuelle. L'ordre social est donc aussi subjectivement nécessaire.

Mais cette nécessité subjective n'a rien de fatal, comme on va le comprendre de suite. L'ordre moral renferme deux termes simples : l'homme et le bien. Dans l'ordre social, il y a aussi deux termes : la société et le bien ; mais le premier de ces deux termes est une réunion d'individus, unis par les intelligences et les volontés. L'ordre moral, d'autre part, s'accomplit malgré les individus, parce qu'il est indépendant du temps et de l'espace et se prolonge au-delà du temps. L'ordre social, au contraire, s'accomplit dans le temps et l'espace, cesse avec le temps et l'espace et n'est possible (réserve faite du secours divin) que par le concours de tous les individus dont la société se compose. C'est une immense machine, dans laquelle chacun joue un rôle déterminé : un seul rouage vicieux peut compromettre le mouvement social, et si l'on n'y porte un remède prompt et sûr, toute la machine se détruira. Or, la société ne peut périr ; car elle est la condition de l'existence : non-seulement, elle ne peut périr, mais logiquement elle ne peut même pas rester stationnaire ou rétrograder, puisque la loi de l'être est d'aller à l'être, c'est-à-dire, à l'accroissement de l'être. Le *fiat* créateur nous a donné le lien social, en même temps que l'existence ; mais, comme il réside dans l'accord des intelligences et l'union des volontés, son action et sa conservation sont l'attribut de l'intelligence et de la volonté humaines, c'est-à-dire de la liberté humaine. En vertu de la loi de leur être, c'est aux hommes entre eux à se servir du lien social et à le maintenir. Donc, quand nous disons que l'ordre social est subjectivement nécessaire, nous entendons une nécessité logique qui dépend uniquement de l'usage rationnel de la liberté humaine.

Un seul rouage vicieux peut compromettre le mouvement de la machine sociale, disons-nous. J'appelle rouage vicieux un membre de la société qui agit contrairement au bien, et dans le sens que je vais expliquer. Dans l'ordre moral, la forme de l'action contraire au bien est indifférente, si elle est libre ; qu'elle s'accomplisse par des pensées, par des paroles ou par des œuvres, qu'elle soit connue ou non des hommes, dès qu'elle blesse la règle du bien, elle trouble l'ordre moral, parce que l'ordre moral, indépendant de la volonté des hommes, de l'espace et du temps, s'accomplit dans un monde qui a les mêmes caractères : l'ordre moral troublé a toute l'éternité pour se remettre en équilibre. — Dans l'ordre social, au contraire, pour qu'il y ait violation de la règle du bien, il faut que cette violation se traduise en un fait extérieur, sorti de la conscience, librement posé dans le monde extérieur où la société vit, se déploie et agit, et enfin connu des hommes ; car la société, qui a, en vertu de la règle du bien, le devoir nécessaire de maintenir intact l'ordre social, n'est juge que des faits matériels et finis, puisqu'elle n'a que des yeux matériels et finis. Un fait qui n'a pas les caractères que je viens d'indiquer est du domaine de l'ordre moral, mais il échappe absolument aux exigences de l'ordre social. C'est un fait anti-moral, immoral, mais non anti-social, parce que, encore un coup, l'ordre social s'accomplit dans le temps et l'espace. Aussi, dès qu'il est troublé, à l'instant même il est menacé de ruine, à l'instant même le remède doit être appliqué. L'ordre social troublé doit se remettre en équilibre immédiatement, ici-bas même : sa vie est ici-bas, sa sanction est ici-bas.

Une dernière observation. Nous avons rattaché scientifiquement l'origine de la société à la loi générale de l'être : nous avons prouvé que la loi fondamentale de l'être social aussi bien que celle de l'être individuel sont des œuvres divines implicitement contenues dans le *fiat* créateur. Sans l'appui primordial de Dieu, l'ordre social comme tout ordre quelconque serait donc impossible. Mais réserve faite de cet appui divin, l'ordre social s'accomplit par la liberté humaine. De même que, l'être lui étant donné, l'homme se développe librement, mais suivant la loi fondamentale de l'être ; de même, l'être lui étant donné, la société se déploie librement : les hommes prennent librement les mesures qui leur paraissent les plus convenables pour conduire la société à sa fin ; ils peuvent organiser la société comme ils l'entendent, pourvu qu'ils ne détruisent pas la loi de son origine et qu'ils ne compromettent pas sa fin dernière. Ces mesures, cette organisation sont l'œuvre de la raison humaine, de la raison nationale.

Voila le domaine du *Droit*.

Avant d'approfondir la notion du droit, précisons nettement les

2° Rapports et différences de la Morale et du Droit.

Devant Dieu, tous tant que nous sommes, nous avons une fin unique, nécessaire, absolue ; et cette fin est le bien. Le bien nous est imposé par un commandement absolu : Dieu a un droit absolu à ce que nous aillions à notre fin. Ce droit absolu de Dieu embrasse la vie tout entière, la vie de la conscience, la vie domestique, la vie sociale, en un mot, toute l'activité humaine jusque dans ses linéaments les plus insignifiants. Nous pouvons, abusant de notre liberté, méconnaître ce droit suprême, lui refuser obéissance ; mais le droit n'en subsistera pas moins ; et nous subirons la peine de notre infraction.

Ce droit absolu de Dieu est contenu dans la morale, qui est la législation divine. Elle nous est octroyée. Nous ne pouvons rien contre elle : c'est une œuvre immuable, immortelle, éternelle. Sa promulgation s'est faite sans notre consentement. Son empire s'exerce souvent contre notre gré ; sa sanction est au-dessus de notre volonté. Elle oblige tout être doué d'intelligence et de volonté. Contre elle, il n'y a pas d'action, il n'y a pas d'exception, il n'y a pas de prescription. Elle est la législation parfaite. Elle a un juge unique, infiniment bon et infiniment parfait, la toute-science et la toute-puissance, dont les arrêts motivés par la raison infinie sont sans appel parce qu'ils émanent de la justice éternellement souveraine, source de toute justice, la justice vivante.

L'empire de cette législation parfaite n'est pas purement abstrait, extra-social, ne s'adressant qu'à la conscience de l'individu. Elle embrasse dans son unité l'homme et la société. Le cri de la conscience individuelle : fais le bien, n'est pas un cri solitaire. Il trouve de l'écho chez tous les habitants de la terre, quand ils veulent l'écouter. Pense le bien, aime le bien, parle le bien, fais le bien, comme père, comme époux, comme enfant, comme membre de la société humaine, comme citoyen, comme chef de l'État et comme sujet de l'État, comme législateur et comme sujet de la loi, comme juge et comme justiciable, comme riche et comme pauvre, comme savant et comme ignorant, comme acheteur et comme vendeur. Pense, parle et fais le bien, dit cette voix auguste, non parce que tu es juridiquement père, époux, enfant ou citoyen, mais parce que tu es homme.

Il n'y a pas de droit contre la morale ; car la morale est le droit absolu ; et il n'y a pas de droit contre le droit. Est donc radicalement fausse toute doctrine du droit qui ne tient aucun compte de la science morale. C'est ce que le bon sens populaire a résumé dans cet adage : « tout ce qui est commandé et défendu par le droit est aussi commandé ou défendu par la morale. »

La morale, quoique distincte du droit, s'unit avec lui, le pénètre et l'enveloppe de toutes parts. Tel l'air qui, tout en traversant la terre et en l'entourant de tous côtés, est distinct d'elle.

La morale est une législation surhumaine, à laquelle l'homme ne concourt que par son obéissance.

Le droit, au contraire, est une œuvre moins vaste, à laquelle concourt pleinement l'activité humaine. C'est l'ensemble des préceptes institués par la sagesse humaine pour maintenir le plan divin de la société : c'est, en quelque sorte, une matière divine, que la société façonne librement, suivant les lieux et les temps, pour atteindre sa fin par les voies les plus parfaites possibles, mais qu'elle ne peut détruire qu'au prix de sa propre existence. Le droit est une œuvre humaine subordonnée à l'œuvre de Dieu. Son point de départ, l'existence naturelle et nécessaire de la société, est divin ; son but, le bien, est divin. Voilà les éléments universels, nécessaires et immuables du droit.

Pour parcourir l'intermédiaire entre le point de départ et le but, l'être social ou la nation prend les mesures qui lui conviennent le mieux, suivant le degré de son intelligence, de ses sentiments et de sa volonté. Voilà les éléments particuliers et variables du droit.

Dans son libre mouvement entre le point de départ et le but, l'action conservatrice et progressive de la nation n'est limitée que par sa propre nature. Elle existe dans le temps et l'espace ; son action doit être analogue à sa nature.

L'action juridique est donc impuissante sur la conscience individuelle , qui n'est bornée ni par le temps, ni par l'espace, mais qui est dominée tout entière par la morale. *De internis non judicat praetor.*

Tout ce qui est commandé ou défendu par la morale n'est donc pas commandé ou défendu par le Droit.

Si j'ai bien rendu ma pensée, je viens d'exposer les rapports et en même temps les différences fondamentales du droit et de la morale.

Je ne citerai pas numériquement tels et tels rapports spéciaux, telles et telles différences particulières, parce que je ne vois aucune utilité à fatiguer l'esprit de divisions sans terme assignable. Ce qu'il importe de savoir, c'est ceci :

La morale et le droit ont une même source première : la science du bien. Ils ont aussi une même fin dernière : le bien dans l'ordre.

La morale et le droit diffèrent par leur forme, leur étendue et leur sanction :

Par leur forme. La morale est une législation surhumaine, immuable dans sa totalité comme le principe absolu d'où elle découle. Le droit est un édifice humain bâti sur des fondements divins, et, par conséquent, immuable par son fondement, mais variable par sa construction.

Par leur étendue. La morale embrasse toute l'activité humaine, de quelque manière qu'elle se manifeste, tandis que le droit n'est préoccupé que du maintien et du perfectionnement extérieurs de l'ordre social dans le temps et l'espace et n'a d'empire possible que sur l'activité humaine, manifestée avec intelligence et volonté, dans la société, par les sens.

Par leur sanction. La morale n'a pour juge souverain que Dieu lui-même, tandis que le droit, expression d'un ordre qui se déroule dans le temps et l'espace, a sa sanction dans la société. Le devoir moral n'est soumis qu'à une contrainte morale dont l'agent libre est lui-même l'auteur par sa faute ; mais le devoir juridique a pour sanction dernière une contrainte physique. Je dis dernière ;

car l'accomplissement du devoir juridique est avant tout le produit de la liberté et ne suppose pas logiquement la force.

Avant de terminer cette matière, je veux encore faire ressortir un principe important, implicitement renfermé dans tout ce que nous avons dit jusqu'ici. L'ordre, engendré par le bien, n'est pas un ordre purement négatif du désordre. Il n'en est ainsi que pour Dieu.

Mais dans la nature créée, l'ordre, produit par le bien, renferme l'idée du perfectionnement. Le bien, c'est l'être voulu, aimé; or, les hommes n'ont pas la plénitude de l'être. Pour les êtres créés, réaliser le bien, c'est progresser dans la voie du bien.

Ainsi, dans l'ordre moral, il ne suffit pas que l'agent libre s'abstienne du mal : il faut qu'il aspire sans cesse à des biens supérieurs.

Il en est de même pour l'ordre social. Non-seulement, le droit renferme en principe le maintien de l'ordre ; mais il contient aussi en puissance l'idée du perfectionnement des voies de l'ordre social à organiser par les hommes. Je prie le lecteur de peser mes paroles ; je dis : les voies de l'ordre social.

Tel est en quelques mots le fondement de la perfectibilité du droit. Je ne puis m'étendre ici plus longuement sur cette importante question. Nous y reviendrons plus d'une fois, notamment dans la partie historique de notre sujet.

Les considérations générales, que j'ai présentées sur l'alliance intime et la distinction nécessaire et salutaire de la morale et du droit, seront fortifiées dans la suite de ces études ; mais elles suffisent, je pense, pour le but que nous nous proposons ici. Dorénavant, nous nous occuperons spécialement du droit.

Et d'abord, achevons de préciser la notion du droit, que nous avons trouvée, expliquée et démontrée dans l'analyse scientifique de la nature humaine en particulier et de la nature de la société humaine en général, ramenées toutes deux à la source de toute existence, la nature divine. Étudions plus particulièrement

CHAPITRE III.

LA NOTION ET LA DÉMONSTRATION DU DROIT CONSIDÉRÉ EN LUI-MÊME COMME INSTITUTION SOCIALE (DROIT DANS LE SENS OBJECTIF).

Je me propose d'exposer, sous ce titre, la définition, le sujet, l'objet, le but, la réalisation, la raison suprême et la force obligatoire du droit ; sa durée ; son caractère concret et positif ; son caractère de permanence ; ses éléments libres et ses éléments nécessaires ; et enfin les cas possibles de collision entre la morale et le droit.

1° Définition du droit.

J'évite autant que possible de donner des définitions. Il est difficile, pour ne pas dire impossible, de renfermer tous les caractères d'une science vaste et compliquée dans le cadre sec et étroit de quelques mots. Ceux qui connaissent les dialogues de Platon se rappelleront les mécomptes que Socrate réservait aux chercheurs de définition. Je me souviendrai toute ma vie qu'un jour j'ai passé un examen sur cette question : qu'est-ce que la définition ? D'ailleurs il est dangereux de faire des définitions, en droit. C'était aussi l'avis des jurisconsultes romains. Vous connaissez ce fragment de Javolenus : « *omnis definitio in jure civili periculosa est* : *parum* (*l.* rarum) *est enim ut non subverti potest* (1). »

Il fut un temps où l'on définissait tout, même l'être. On commençait sérieusement ainsi : l'être est..., etc. Dieu seul peut dire : *Ego sum qui sum.*

Cependant tous ceux qui traitent de la philosophie du droit donnent une définition du droit. Pour me conformer à la tradition, j'en donnerai une aussi, et je dirai :

(1) C'est le *fr.* 102, DIG., *de regulis juris antiqui*, *L.* L., T. 17.

Le droit est l'expression de l'ordre social fondé par Dieu et organisé par la volonté humaine, dans l'espace et le temps, suivant la règle du bien.

Pour qu'on ne puisse pas se méprendre sur le sens de ces mots, je crois devoir entrer dans quelques courtes explications.

Le lecteur comprendra plus tard, particulièrement quand il connaîtra l'histoire des doctrines du droit, la nécessité absolue, aussi bien en théorie qu'en pratique, de placer la source primordiale du droit au-dessus de la volonté humaine. Si ce sont les hommes seuls qui ont inventé (je dis inventé) le droit, je refuse de lui obéir ; car je ne vois pas pourquoi la volonté des hommes pourrait lier ma volonté : je ne relève que de Dieu et de ma conscience. Je ne m'arrêterai pas maintenant à développer ce point d'une importance capitale ; je me contente, pour le moment, d'indiquer les conséquences désastreuses, auxquelles aboutissent les systèmes subjectifs et individualistes de Rousseau, de Kant et de Bentham.

Il est vrai que la faculté, dont l'homme se

montre le plus jaloux, c'est la liberté du moi ; et il a raison, car cette faculté, surveillée humblement comme il convient à une créature finie, est le principe de la moralité, de la responsabilité et, par conséquent, du mérite et de la félicité. C'est pourquoi nous nous refusons à admettre que le droit, dans toute sa teneur positive, soit une œuvre due à l'initiative exclusive de Dieu ou le produit inviolable d'une fatalité historique. Si le droit dans son existence positive et totale est un octroi de Dieu (ce qui est d'ailleurs impossible, puisque Dieu infiniment parfait ne peut créer que des choses bonnes et que tous les corps de droit que nous connaissons sont imparfaits, varient et changent), si, dis-je, le droit dans son existence positive et totale est un octroi de Dieu ou un legs fatal des générations qui nous ont précédé, je ne suis plus libre. Je suis dépourvu de ma liberté, vis-à-vis du droit. Et alors je refuse d'obéir au droit, car il me gêne et m'incommode. Voilà où aboutissent les partisans inintelligents et exagérés des Écoles dites historique et théologique.

Pour nous, la vérité est ailleurs. Le droit existe et nous lui obéissons avec respect : c'est un fait clair comme la lumière du jour. Mais pour qu'il s'attire mon obéissance pleine et entière, il faut que sa source première soit au-dessus de la volonté humaine et il faut en même temps que cette obéissance laisse ma liberté pleine et entière. Pour ces motifs, il faut que l'existence du droit et son empire soient conformes à la loi fondamentale de l'être, de telle sorte qu'en lui obéissant j'obéisse autant à ma propre nature qu'à l'essence immuable des choses.

Or, nous faisons nous-mêmes nos lois et les lois varient suivant les pays et les législateurs : voilà un fait, et il n'y a pas d'argument plus brutal qu'un fait. D'autre part, nous ne sommes pas l'auteur de notre être ; nous n'avons pas créé la société, ni dans son origine, ni dans sa fin ; nous n'avons pas inventé la règle du bien, source première du droit ; Dieu enfin est le bien vivant : voilà des vérités, incarnées dans les faits de ce monde et scientifiquement démontrées par nous.

Toute définition du droit doit donc contenir les éléments suivants : le bien comme loi générale de l'être, Dieu personnel comme plénitude de l'être et créateur de toutes choses en ce monde, l'être social ou la nation comme objet nécessaire du droit et enfin la liberté et la personnalité des hommes. Je me crois ainsi autorisé à définir le droit :

L'expression de l'ordre social fondé par Dieu et organisé par la volonté humaine, *dans l'espace et le temps*, *suivant la règle du bien.*

Ordre social, c'est-à-dire, le rapport entre les tendances particulières des hommes et la tendance finale de la société.

Fondé par Dieu, car nous n'avons fait ni la loi fondamentale de l'être, ni notre être, ni la société.

Organisé par la volonté humaine, car l'homme est un être doué d'intelligence et de volonté, c'est-à-dire, de liberté : les lois de son être lui ont été octroyées, mais c'est à lui de leur obéir librement, et, pour cela, il prend toutes les mesures qui lui conviennent.

Dans l'espace et le temps, parce que le droit ne se déploie que dans l'espace et le temps.

Suivant la règle du bien, car la liberté des hommes n'est limitée spirituellement que par la règle du bien.

Les mots *ordre social fondé par Dieu* renferment la désignation des principes universels, nécessaires et immuables, qui sont le point de départ de toute législation. Les termes *suivant la règle du bien* contiennent l'indication de l'unité de but, dans toutes les législations. — La phrase *organisé par la volonté humaine dans l'espace et le temps* fait allusion aux éléments variables du droit, tandis que les autres propositions représentent dans ma définition les éléments immuables du droit.

J'engage le lecteur à prêter une attention particulière à cette définition et aux explications dont je l'ai entourée. Il ne les trouvera nulle part ailleurs, du moins avec la liaison et l'enchaînement spécial des idées qu'elles renferment. Je ne prétends pas qu'elle est nouvelle (déjà au temps de Salomon il n'y avait plus rien de nouveau sous le soleil) ; mais je crois qu'elle est présentée d'une manière nouvelle. *Non nova sed nove*, disait S. Vincent de Lerins. J'ai la conviction profonde et raisonnée que je suis dans la voie de la vérité. Je passe au

2° Sujet du droit.

Le sujet du droit, c'est la société ou, pour parler plus clairement, la nation comme telle, c'est-à-dire, la nation dans son unité. Le droit s'occupe de l'individu, en tant que membre de l'unité nationale, en tant que *civis*. *L'homo* échappe à l'empire du droit. Dans l'histoire du droit, il est question de Juifs, de Grecs, de Romains, de Francs, d'Anglo-Saxons, de Belges, de Français, d'Allemands, jamais d'hommes. L'homme ne relève que de Dieu et de sa conscience.

Le droit est la vocation de la nation et non de l'individu.

S'il n'existait qu'un seul homme au monde, il n'y aurait plus de droit ; mais il y aurait toujours la morale.

3° Objet du droit.

La société humaine, avons-nous dit, a une origine naturelle et nécessaire. Mais cette origine n'est pas purement abstraite. A cette origine il faut, comme à toutes choses visibles dans la création, une forme concrète.

L'ordré social repose sur des institutions primordiales, conditions premières de la société, laquelle est elle-même la condition de l'existence morale et physique des hommes. Ces institutions primordiales, dont nous approfondirons la nature plus tard, découlent de la nature même de l'homme en particulier et de la société en général. Quelles sont-elles?

1° La *personnalité humaine*, l'indépendance, la liberté et la dignité de l'individu, qui en devenant citoyen ne cesse pas d'être homme.

2° L'existence de l'individu, les moyens pour persévérer dans l'existence, les subsistances de l'individu, c'est-à-dire, la *propriété* dans le sens général du mot.

3° La propagation de l'individu, c'est-à-dire, la *famille*.

4° La coexistence des individus, par conséquent aussi celle des familles, c'est-à-dire, l'*État*.

Il suffit d'un instant de réflexion, pour se convaincre de l'enchaînement logique et nécessaire de ces institutions primordiales. Posez la société et vous posez ces institutions. En effet, elles répondent toutes à la fin de l'être.

Nous n'appartenons à la société que parce que nous appartenons à Dieu et à nous-mêmes. Nous ne sommes pas créés pour un être abstrait appelé société ; mais la société est un fait concret, qui existe en faveur de nous, êtres concrets. L'existence de la société a été posée par la loi même de l'être, qui est le fond vivant de chacun de nous. La société ne peut donc mentir à son origine et à sa destination. Elle est née avec nous, pour nous et par la même loi que nous ; sa vie, c'est la nôtre et rien que la nôtre. Si notre qualité d'homme, si la personnalité humaine, n'est pas respectée, il n'y a plus d'hommes ; et s'il n'y a plus d'hommes, il n'y a plus de société. Tout s'enchaîne ici admirablement et montre le doigt créateur de l'être infini. Posez la personnalité humaine et vous posez la société. Posez la société et vous posez la personnalité humaine. Posez la personnalité humaine, et vous posez l'existence humaine. Cette existence est double : spirituelle et corporelle. Pour se maintenir ici-bas, au poste où l'a placé la Providence jusqu'au moment où Elle lui plaira de le délivrer, l'homme a besoin, avant tout, de se nourrir : de là la propriété (dans le sens le plus étendu).

Il est inutile que je montre l'enchaînement nécessaire et logique de l'existence de la société, de la propagation de l'individu et de la coexistence des individus ; car si vous voulez l'existence, et vous devez la vouloir, vous voulez la société ; si vous voulez la société, vous voulez aussi la propagation de l'individu et la coexistence des individus, c'est-à-dire, la famille et l'État, sinon ne parlons plus de société et alors ne parlons plus de droit. Et alors aussi ne parlons plus d'existence, ce qui est absurde.

En résumé, la personnalité humaine, la propriété, la famille et l'autorité (ou l'État ; car scientifiquement état, pouvoir ou autorité sont synonymes) sont entrées dans le monde avec la société ; la société est née avec l'existence humaine ; et l'existence humaine sortit du néant avec la création tout entière.

Le droit n'a pas créé la personnalité humaine, la propriété, la famille et l'état ; car ils sont l'objet primitif et nécessaire du droit : ils sont contemporains de la naissance même du droit. Ces institutions étaient dans le plan divin de la société. Les hommes en ont reçu le dépôt et la garde. Pour l'accomplissement de ce devoir, ils prennent toutes les mesures qui leur paraissent les plus convenables ; car ils sont doués d'intelligence et de volonté, c'est-à-dire, libres. C'est l'ensemble de ces mesures qui forment l'objet du droit.

Mais la nature humaine est finie et contingente et les œuvres des hommes ne sont jamais ni parfaites, ni complètes. D'ailleurs, la voie qui conduit au bien, fin dernière de la société, est infiniment longue et infiniment variée. Les mesures, prises par les hommes, pour conduire la société à sa fin, sont donc perfectibles.

L'objet du droit comprend ainsi, non-seulement l'organisation sociale à un moment donné, mais encore les mesures de perfectionnement de cette organisation sociale.

4° But du droit.

Le but du droit est de maintenir le plan divin de la société, de réaliser l'ordre social et de conduire la société à sa fin.

Le droit est l'expression spéciale et particulière de la règle du bien, pour la société, dans le temps et l'espace. Il est la réalisation du bien, en dehors du domaine de la conscience, dans le monde visible, pour tout ce qui touche à l'existence essentielle de la société dans le temps et l'espace. C'est, comme disent les Allemands, la forme objective du bien. Disons plus clairement, le droit est le bien social.

Aussi l'idée du droit préexistait à la naissance

des sociétés humaines. Parce que le droit est une forme particulière du bien, il est, quant à son principe, universel, nécessaire, absolu, aussi durable que la société elle-même, objectif, évident en lui-même, ne dépendant que du bien, ne s'adressant qu'à des personnes ou ne surgissant qu'à l'occasion de personnes, vivant, concret.

Le droit maintient le plan divin la société, ou, en d'autres termes, l'intégrité de la raison d'être de la société, la loi fondamentale et primordiale de l'être social ; car logiquement les hommes ne sont pas libres de vivre ou de ne pas vivre conformément à leur nature. Or, leur nature correspond parfaitement à celle de la société. Les individus sont liés à la société, et la société est inséparable de l'existence des individus. Plusieurs individus coexistant, l'être social est aussi nécessaire que l'être individuel. En maintenant le plan divin de la société, les hommes maintiennent le plan divin de leur propre être.

Le droit conduit la société ou l'être social à sa fin ; car la fin d'un être, c'est son bien, et le bien d'un être, c'est sa fin. Or, le droit n'est qu'une forme du bien La fin de la société est nécessaire.

Enfin le droit réalise l'ordre social. L'ordre social, c'est l'accord des tendances particulières et multiples avec la tendance dernière et finale, l'harmonie de la variété humaine avec l'unité sociale. Cette réalisation de l'ordre social est nécessaire, puisque la société est nécessaire et que sa fin est nécessaire.

Le but du droit est donc nécessaire, comme tout ce qui est universel.

Mais, retenez-le bien, quoique le but du droit soit nécessaire, le droit n'est conduit à son but que par la liberté humaine. Les hommes peuvent refuser de conduire le droit à son but, comme ils peuvent refuser de faire le bien. Ils porteront la peine de leur refus, comme aussi ils recevront la récompense de leur consentement ; car ils sont libres, par conséquent responsables. Ce qui est en jeu ici, c'est leur être même. Le droit sera ou ils ne seront pas.

Ajoutons encore que le droit, en réalisant

l'ordre social, ne porte aucune atteinte à la liberté humaine. En se laissant subjuguer par le lien social, les hommes n'abandonnent en aucune façon la défense nécessaire de leur personnalité, de leur liberté. Nous l'avons prouvé précédemment : loin de diminuer leur liberté, la société la complète, la perfectionne ; car, non-seulement le lien social tient à la racine de l'être individuel lui-même, mais encore la société est une condition de l'accroissement de la vérité et du bien ici-bas. Tant croissent la vérité et le bien, tant croît la liberté. De même, en se soumettant au droit, les hommes ne perdent pas leur liberté ; car ils doivent, par une nécessité logique, vouloir le bien partout et toujours : or le droit réalise précisément le bien. Les hommes ne peuvent vouloir le bien à l'état abstrait et ne pas le vouloir à l'état concret ; ils ne peuvent pas aimer le bien en général, sans l'aimer en particulier.

En théorie, le droit de l'individu ne peut entrer en collision avec le droit de tous, puisque le droit de l'individu aussi bien que le droit de tous doivent tendre au bien et qu'il n'y a qu'un bien. Mais pratiquement, historiquement, il n'en est pas ainsi : l'arbitraire de tous attente parfois à la liberté de l'individu et l'arbitraire de l'individu attente parfois à la liberté de tous. Sous le règne du droit, de tels faits sont impossibles. Et pourquoi ? parce que le droit est une forme du bien ; et que là où est le bien, là est la liberté.

Donc, loin de diminuer notre liberté, le droit l'augmente.

5° Réalisation du droit.

Le droit est réalisé par le pouvoir social ou l'État. L'État, à son tour, n'a d'existence que par le droit. Et cependant le droit n'est pas absorbé par l'État, et l'État ne peut être complétement absorbé ou aboli par le droit. D'où vient ce fait, qui paraît étrange, à première vue ?

Nous n'avons pas le loisir et je n'ai pas le désir d'étudier ici la question du pouvoir, de son origine, de ses divisions et de son but. Je me bornerai donc à répéter ce que j'ai sommairement indiqué en traitant de l'objet du droit.

Le pouvoir, l'autorité ou l'État est une conséquence nécessaire de l'existence nécessaire de la société. L'ordre social, avons-nous dit, est l'harmonie de l'unité sociale et de la variété humaine : l'État, le pouvoir, ou l'autorité est à l'unité sociale ce que la liberté est à la variété humaine. L'unité sociale n'est pas une abstraction, de même que la société elle-même n'est pas une abstraction. C'est l'État, l'autorité, qui réalise cette unité, ou plutôt qui est le représentant de cette unité. Comme élément nécessaire de l'ordre social, le principe de l'État ou de l'autorité est un des principes universels, nécessaires, invariables du droit. Le principe général du droit renferme donc en puissance le principe particulier de l État.

D'un autre côté, l'État n'est pas toute la nation : il n'est que l'organe nécessaire de la nation. C'est la nation qui bâtit son droit sur le plan divin de la société et c'est l'État qui est chargé de maintenir cette œuvre. C'est donc, en dernière analyse, l'État qui assure l'existence du droit. Mais l'État lui-même est l'objet du droit, car la nation fixe elle-même la forme et les limites de l'autorité qu'elle charge de la chose publique.

Vous voyez qu'entre le droit, l'État et la Nation, entre la loi, l'autorité et la liberté, il y a un enchaînement, une réciprocité, un effet de combinaisons, contenus dans un cercle dont on ne peut sortir qu'en sacrifiant la société elle-même et par conséquent l'être individuel.

En résumé, le droit préexiste logiquement à l'État, mais historiquement, le droit et l'État coexistent, comme le bien et l'être qui réalise le bien coexistent. L'État parle le droit pensé par la nation conformément à la règle du bien.

6° Principe ou raison suprême et force obligatoire du droit.

Le principe ou la raison suprême du droit et la force obligatoire du droit ont une cause unique : la réalisation universelle, nécessaire, éternelle du bien.

Le droit n'est subordonné qu'au bien ; mais il est entièrement subordonné au bien. C'est ainsi qu'on peut dire : le droit est sacré dans sa source comme dans sa fin.

Quelques philosophes modernes, surtout des philosophes français, n'ont pas voulu tirer de leurs propres doctrines cette conséquence dernière. Ils font du droit un concept secondaire, qu'ils déduisent du devoir. Tout homme, disent-ils, a le devoir d'aller à sa fin ; donc tout homme a le droit de ne pas être empêché dans l'accomplissement de cette fin. L'erreur qui git au fond de ce raisonnement est purement théorique ; car, dans la pratique de la vie, les choses se passent d'ordinaire ainsi. Philosophiquement, le concept du droit est primitif, antérieur au concept du devoir. Le droit, dans le sens objectif, est antérieur au devoir juridique. Le devoir, dans le sens subjectif, est antérieur au droit dans le sens subjectif. Je traiterai la question d'une manière plus approfondie, quand nous parlerons du droit dans le sens subjectif ou des droits dans le Droit (*jura*). Je me bornerai ici à quelques considérations sommaires. Comme créateur de toutes choses, Dieu a au commencement un droit absolu sur les créatures et les créatures ont un devoir absolu envers le Créateur. C'est ce qu'on exprime dans les cours de philosophie sous cette forme : tout homme doit aller à sa fin, le bien, qui est la règle de sa volonté. Primitivement, le devoir naît donc du droit, puisque le droit n'est qu'une forme du bien, et que le bien est l'objet logiquement nécessaire de la volonté. Le bien étant certes un concept primitif, le droit est antérieur au devoir. Voici un exemple : la société est de droit ; dirons-nous que ce droit existe parce que chacun de nous a le devoir de respecter ce principe ? Non, car alors la société serait créée par la volonté humaine ; ce serait le contrat social. Il faut renverser la réponse à la question posée et dire : chacun de nous a le devoir de respecter le principe de la société, parce que la société existe de droit. La petite discussion que j'ai soulevée a l'apparence d'une dispute de mots ; car évidemment la société continue d'exister parce que tous nous le voulons ; et si nous perdions la raison au point de dire : nous voulons détruire la société, j'ai peur que nous réussirions. Mais là n'est pas la question. Il s'agit ici d'un principe beaucoup plus important que vous ne le croyez peut-être.

A considérer les choses comme il convient de le faire, c'est-à-dire, philosophiquement, le principe ou la raison suprême du droit est antérieur à toute volonté humaine. Il est l'expression d'une des formes du bien. En un mot, la raison suprême du droit, c'est le bien. Et c'est aussi dans le bien qu'il puise sa force obligatoire dernière. Philosophiquement, le droit, comme œuvre humaine, n'oblige que parce qu'il est subordonné à une œuvre absolue, parce qu'il est destiné à maintenir le plan divin de la société.

Ce n'est pas la volonté générale qui est la cause universelle, nécessaire, immuable de la force obligatoire du droit. Le droit, au contraire, est la cause de la force nationale ou de la volonté générale vis-à-vis de l'individu ou de la volonté individuelle et de la force individuelle vis-à-vis de la force nationale. La légitimité universelle, néces-

saire et éternelle du droit ne repose pas plus sur la volonté générale que la morale ne repose sur la conscience individuelle. Le droit vaut par lui-même, comme droit. Le droit domine la volonté nationale. Le législateur n'est pas au-dessus du droit : il est le serviteur, le premier serviteur du droit. La dignité véritable du législateur, c'est d'être, non le simple porteur, la boîte de la volonté nationale, mais l'organe austère et incorruptible du droit. La mission du législateur est donc une des plus nobles qu'il soit donné à un homme de remplir « Les lois, ont dit les rédac-
« teurs du code civil dans un passage du Discours
« préliminaire, cité plus haut, les lois ne sont pas
« de purs actes de puissance : ce sont des actes de
« sagesse, de justice et de raison. Le législateur
« exerce moins une autorité qu'un sacerdoce. »

Si nous nous plaçons sur le terrain de l'histoire, de la vie nationale ou historique des nations, il est vrai de dire que le droit positif naît du devoir. Car les nations qui construisent elles-mêmes leur droit accomplissent cette œuvre difficile, en vertu du devoir qui leur incombe de réaliser le bien. Le principe ou la raison suprême du droit est antérieur à tout devoir ; mais l'œuvre juridique des nations, les actes de volonté libres, par lesquels les nations réalisent le droit, sont postérieurs à leur devoir absolu.

L'existence primordiale du droit et du devoir juridique qu'il engendre ne peut se légitimer, ni se comprendre, si on ne remonte pas jusqu'à l'essence immuable des choses et à leur auteur. Si vous ôtez au droit sa raison première et dernière, le bien en soi qui s'identifie avec Dieu, vous serez forcé de légitimer sous le nom de droit les plus grandes infamies. Le droit ne sera plus le droit, il ne participera plus des caractères augustes et inviolables du bien en soi. Ce que l'on concevra sous le nom de droit, sera le règne de l'adresse d'un ou de plusieurs hommes, de la ruse, de l'hypocrisie, du despotisme ou de la force purement physique. Si le droit dépendait par sa source primordiale, comme il dépend en effet par sa réalisation positive, de la volonté humaine, il serait privé théoriquement des caractères d'universalité, de nécessité et de durée, qu'il a incontestablement en fait.

Si nous sommes sujets du droit, sachons-le, c'est, non parce que les hommes qui peuvent se tromper ou abuser de leur force l'ont voulu, mais parce que Dieu en a fait une des conditions absolues de la vie terrestre, parce que l'existence du droit est conforme à la loi de notre propre être comme à celle de l'essence immuable des choses. Dieu lui-même est soumis au principe suprême du droit ; car la volonté divine s'attache nécessairement au bien en soi.

7° Durée du droit.

Si l'existence du droit est conforme à la loi fondamentale de notre propre être, le droit est aussi durable que la société dans le temps. Si la société dans le temps et l'univers dans lequel elle vit étaient éternels, nous dirions : le droit est éternel. Mais, puisque la société dans le temps et l'univers sont finis, contingents, créés, ils ont eu un commencement, et, par conséquent, ils auront une fin : la matière n'est pas éternelle. Pour être exact, il faut donc dire : le droit est aussi durable que la société elle-même.

Quelques écrivains ont pensé que la nécessité de la morale et du droit dépendait de la nature déchue et corrompue de l'homme. Si l'homme, disent-ils, était resté conforme au plan divin de la création, c'est-à-dire, s'il était resté bon, la morale et le droit auraient été inutiles. Cette doctrine est erronée : elle part d'une donnée ontologique incomplète.

Quand même l'homme serait resté fidèle au plan de la création, il aurait toujours été un être fini et imparfait. Le bien serait resté la règle de sa libre volonté et la fin dernière de la société ; car un moindre bien comparé à un bien supérieur est un mal relatif. La morale et le droit n'existent pas uniquement pour combattre le mal, mais aussi et principalement pour produire un bien spirituel de plus en plus élevé. L'introduction du mal, à l'état de puissance ennemie, dans le monde, est un fait qui incontestablement a eu une influence immense sur la constitution des dogmes moraux et des préceptes juridiques. Mais, ne l'oublions pas, les sources premières du droit et de la morale sont indépendantes de l'homme : elles ont une origine absolue. Quoi qu'il fasse, l'homme, créature de Dieu, restera toujours séparé de son Créateur par un abîme : Dieu est absolu et l'homme relatif.

Supposez les hommes arrivés à tel degré de perfection que vous voudrez, la moralité des hommes se perfectionnera proportionnellement ; mais le bien absolu se dressera toujours devant la conscience humaine de toute la hauteur de l'infini.

De même, les hommes, en devenant aussi parfaits que possible, ne pourront détruire la nécessité de la société, qui est la condition même de cette perfection : les voies par lesquelles la société ira à sa fin nécessaire croîtront en perfection, mais l'ordre social ne cessera pas d'exister ; au contraire, les hommes étant meilleurs, l'ordre qu'ils réalisent librement entre eux aura une réalité plus grande. L'ordre social n'est pas une abstraction : il est réel, concret, établi sur des institutions positives.

Le droit, qui exprime ces institutions, est inséparable de l'ordre social. Le droit est né avec les sociétés humaines : il finira avec elles et seulement avec elles.

Il a toujours existé et il existera toujours une personnalité humaine, une propriété, une famille, un état ou pouvoir. Or, voilà l'objet du droit.

8° Caractère concret et positif du droit.

L'ordre social et sa règle, le droit, ont leur racine première dans un ordre supérieur et immuable, dont la raison humaine sait reconnaître l'existence et dont elle peut déterminer la loi. Cet ordre supérieur et immuable n'est pas abstrait, construit dans le vide : il est personnel, vivant. Il existe à la source de la vie.

Mais à partir de ces fondements universels, nécessaires, absolus, tous les principes sans exception d'une législation quelconque sont naturels, dès qu'ils sont (et ils doivent l'être) conformes à la règle du bien. Ils sont naturels, puisqu'ils sont conçus par la raison naturelle, qui les applique à des faits naturels. Toute législation est naturelle, dès qu'elle tend au bien.

Le droit est positif.

En effet, pour la raison divine, il y a sans aucun doute, une législation idéale, revêtue de toutes les perfections de l'intelligence infinie qui la conçoit. Mais, entre cette législation infiniment parfaite et les législations humaines, il y aura toujours un abîme. Il est absurde de rêver l'avénement futur de cette législation idéale : ce serait égaler l'humanité à Dieu. La conception divine du droit n'est pas le droit humain.

Pour l'humanité il est une loi parfaite, indépendante de la raison individuelle, immuable, éternelle, une loi dont l'empire embrasse toute l'activité humaine, l'activité individuelle et l'activité sociale, les pensées, les paroles et les œuvres. Cette loi, nous la connaissons tous plus ou moins, et il dépend de nous de la connaître de plus en plus. Cette loi, c'est la loi morale. Mais la morale n'est pas le droit.

Pour la raison individuelle, il existe, antérieurement à toute législation humaine, des principes de droit universels, nécessaires, invariables, qui ne sont que les idées du plan divin de la société. Ces principes, tels que la personnalité humaine, la famille, la propriété, l'état ou le pouvoir, les nations ne peuvent en faire impunément abstraction. Toutes les nations les ont appliqués ou les appliquent à divers degrés. Mais ces principes, qu'on appelle quelquefois droit divin positif, ne sont pas le droit. Ils forment les fondements du droit. Ce n'est que lorsque les nations les ont appliqués et organisés librement, suivant leur degré de culture, que le droit, renfermé en puissance dans l'idée du bien, est réalisé. C'est en ce sens qu'il faut comprendre l'article que les rédacteurs du code civil de 1804 avaient placé en tête du projet de ce recueil et qui était ainsi conçu : « Il existe un droit universel et immuable, source de toutes les lois positives : il n'est que la raison universelle, en tant qu'elle gouverne tous les hommes (1). »

Enfin, il est vrai de dire que le droit réalisé par les nations est perfectible. Mais cette perfectibilité

(1) « Il est sans doute une justice naturelle émanée de la raison seule (?), et cette justice, qui constitue pour ainsi dire le cœur humain, n'a pas besoin de promulgation. C'est une lumière qui éclaire tout homme venant en ce monde, et qui, du fond de la conscience, réfléchit sur toutes les actions de la vie. Mais, faute de sanction, la justice naturelle, qui dirige sans contraindre, serait vaine pour la plupart des hommes, si la raison ne se déployait avec l'appareil de la puissance pour unir les droits aux devoirs, pour substituer l'obligation à l'instinct, et appuyer par les commandements de l'autorité les inspirations honnêtes de la nature.

Quand on a la force de faire ce que l'on veut, il est difficile de ne pas croire qu'on en a le droit. On se résignerait peu à se soumettre à des gênes, si l'on pouvait avec impunité se livrer à ses penchants.

Ce que nous appelons le droit naturel ne suffisait donc pas ; il fallait des commandements ou des préceptes formels et coactifs.

On voit donc la différence qui existe entre une règle de morale et une loi d'état.

Or, ce sont les lois d'état, qui ont besoin d'être promulguées pour devenir exécutoires. Car ces sortes de lois, qui n'ont pas toujours existé, qui changent souvent, et qui ne peuvent tout embrasser, ont leur époque déterminée et leur objet particun'est pas le droit. Tant que le perfectionnement n'est pas réalisé, il ne fait pas partie du droit. Tant que le perfectionnement ne s'est pas incarné dans un précepte socialement obligatoire ou dans une institution nationale, il est du domaine de la discussion publique, de la presse ou de la politique ; il s'appellera programme de telle ou telle tendance politique, système de tel ou tel publiciste, idée de tel ou tel homme d'état ; il sera nommé, si vous voulez, idée rationnelle, idée naturelle ; mais il ne s'appellera pas Droit.

Non. Il n'y a réellement droit, législation, que par la nation et pour la nation ; car le droit est un fait et un fait national. Le droit peut avoir des parties symboliques ; mais il n'a rien d'abstrait.

lier. On ne saurait être tenu de leur obéir sans les connaître. » *Second exposé des motifs du titre prél. par M. Portalis*, orateur du gouvernement dans la séance du corps législ. du 4 ventose an XII (23 février 1803). *Locré*, *législ. civ.*, t. I, p. 569.

« La loi naturelle n'est limitée ni par le temps, ni par les lieux, parce qu'elle est de tous les pays et de tous les siècles. — Mais les lois positives qui sont l'ouvrage des hommes, n'existent pour nous que quand on les promulgue, et elles ne peuvent avoir d'effet que quand elles existent. » *Id.*, p. 577.

L'abstraction répugne au droit. Le droit a horreur de l'abstraction comme l'eau a horreur du vide.

Tout droit est naturel s'il réalise le bien, comme toute langue est naturelle quand elle est le signe exact de la pensée.

Voilà pourquoi j'évite de me servir des termes : droit naturel, et pourquoi j'emploie exclusivement la formule : philosophie du droit, généralement usitée aujourd'hui en Allemagne et inscrite dans la loi sur l'enseignement supérieur à côté de la formule : droit naturel.

Ceci n'est pas une question de mots : dans ma pensée, j'ai voulu éviter, même dans les termes, une erreur très-grave, sur laquelle je demande la permission de donner encore quelques explications.

Le lecteur connaît l'origine des termes : droit naturel. Ils ont été pris dans le droit romain, qui est, à coup sûr, ce qu'il y a de plus positif, après toutefois le droit Anglo-Saxon. Le long fragment d'Ulpien inséré au commencement du premier titre du Digeste, ainsi que le titre II du liv. I des *Institutes de Justinien*, *de jure naturali, gentium et civili*, et le début des *Institutes de Gaius* sont familiers à tout le monde. Dans le droit romain, les termes droit naturel, droit des gens et droit civil expriment en général des principes vraiment juridiques. Ce sont en partie les principes que j'essaie d'exposer.

Au moyen-âge, on était d'accord pour nommer droit naturel ce que j'ai indiqué tantôt sous le titre de droit divin positif. Avec des nuances peu importantes, S. Augustin, les jurisconsultes Irnériens, S. Thomas d'Aquin, Dante, la Glose d'Accurse, Bartole et la plupart des philosophes et des juristes du moyen-âge étaient d'accord sur ce point. Ainsi, quand on opposait le droit naturel au droit positif, on avait en vue, d'une part, les fondements universels, nécessaires, immuables et absolus de toutes les législations positives et, d'autre part, les coutumes et les lois proprement dites.

Vint l'école de Grotius, qui chercha à séparer le droit de la morale et même de Dieu. Grotius lui-même, un homme austère et religieux, alla jusqu'à dire : le droit existerait, quand même Dieu n'existerait pas. Il ajoute, il est vrai, *quod infandum est*. A partir de cette école, il s'établit sur la signification des termes *droit naturel*, une confusion malheureuse. Toutefois, les premiers fondateurs de ces doctrines juridiques abstraites, dont l'Allemagne eut, pour ainsi dire, le monopole jusqu'à la fin du siècle dernier, conservèrent encore parfois la signification de l'ancien droit naturel. Ainsi Pufendorf, dans son premier ouvrage (1660), l'appelle *Jurisprudentia universalis*; et Thomasius le nomme encore (en 1690) *Jurisprudentia divina*.

Il y avait déjà confusion ; mais elle augmenta avec la conception si étrange mais si goûtée du *Contrat Social* et surtout avec la philosophie subjective de Kant. Ce puissant philosophe, qui aurait pu créer à la science un avenir grandiose, s'il ne s'était volontairement emprisonné dans l'effrayant scepticisme de la philosophie transcendentale, fascina les esprits de ses contemporains, et eut un succès qui dure encore en France, quoiqu'il soit éteint depuis longtemps en Allemagne. L'école du contrat social et Kant ne se bornèrent pas à bâtir un système pour établir solidement les caractères universels, nécessaires et immuables du droit ; ils soumirent arbitrairement au critérium du principe radicalement subjectif toutes les institutions et toutes les lois positives. Kant s'acquitta de la tâche qu'il s'était imposé, avec une vigueur d'esprit dont on parlera longtemps.

A partir des doctrines du *Contrat Social* et des *Éléments métaphysiques de la doctrine du droit*, transformés successivement par Fichte et par Hegel, une foule innombrable de traités de droit naturel furent écrits avec la donnée première de Hobbes, de Rousseau et de Kant, à savoir, que, l'idée fondamentale du droit est une création de la raison subjective. Chacun, prenant la raison individuelle, non-seulement comme guide, mais aussi comme point de départ absolu du droit, aboutissait nécessairement à des conclusions différentes, et radicalement différentes. De là une confusion épouvantable. On vit paraître, sous le nom autrefois auguste de droit naturel, les doctrines les plus paradoxales. Aucune loi, aucune institution ne pouvait résister à de pareils systèmes, car l'idée du droit, d'où ces lois et ces institutions découlent, avait été dépouillée de ses caractères d'universalité, de nécessité, d'immutabilité.

L'un dit : je ne veux plus de la personnalité humaine, de la liberté. Pourquoi ? Parce que, dans mon système de droit, la liberté juridique est inconciliable avec ma théorie du pouvoir. La société est une : l'homme doit être confisqué au profit de la masse. Le dernier mot de la vie humaine, c'est la force.

Un second : je ne veux plus de la propriété. Pourquoi ? Parce que dans mon système de droit, la propriété c'est le vol.

Un troisième : je ne veux plus qu'on travaille à la sueur de son front ? Pourquoi ? Parce que, dans mon système de droit, le travail doit être attrayant, soumis à la loi de l'attraction passionnée.

Un quatrième : je ne veux plus de la famille.

Pourquoi ? Parce que la polygamie et la communauté des femmes sont des conséquences logiques de mon système de droit.

Un cinquième : je ne veux pas de l'autorité, du pouvoir, de l'État. Pourquoi ? Parce que, dans mon système de droit, la société est un contrat bilatéral synallagmatique. Je dénonce le traité, le contrat. Le dernier mot de la société humaine, c'est l'absence d'autorité et de commandement, l'an-archie.

Un sixième, poussant logiquement son principe jusqu'à ses dernières conséquences, en est arrivé à cette équation : $+ x = - x$; l'être est la même chose que le non-être. Pourquoi ? Voici le raisonnement. L'être est autre que le non-être ; le non-être est autre que l'être ; l'être et le non-être sont donc tous deux autres ; donc l'être est la même chose que le non-être.

Ces exemples suffisent.

Veuillez le remarquer, lecteur, je fais ici de la science. Loin de moi la pensée de jeter le discrédit ou le mépris sur les personnes des auteurs de ces tristes doctrines, qui tendent à la décadence de la raison humaine. Ces doctrines sont la conséquence logique d'un point de départ faux, radicalement faux. Et si certains autres esprits, partant du même principe, aboutissent à des conséquences plus rassurantes et plus consolantes, c'est par une heureuse inconséquence.

On ne se demande plus, en vrais philosophes, le pourquoi et le comment des choses, le pourquoi des règles universelles et nécessaires de la société et du droit. On fait table rase de l'être, comme s'il était hypothétique ou dépourvu de toute logique, de toute réalité, et l'on prend le devenir pour l'être véritable. Or, cela est encore une fois radicalement faux. Il n'y a de science rationnelle que de ce qui est ; le devenir est un art empirique et nous n'en sommes pas les maîtres absolus ; et d'ailleurs le devenir n'est possible que par l'être.

Voilà les motifs pour lesquels j'évite de me servir des mots : droit naturel.

Cependant, je ne voudrais pas dire comme d'illustres écrivains contemporains de l'Allemagne , tels que les chefs de l'école historique et M. Stahl : il n'y pas de droit naturel, parce que je redoute une autre confusion.

En effet, la réalisation du droit étant nécessaire, le droit naît naturellement là même où il n'y a pas de législateur. C'est ainsi que se sont formées toutes les législations positives, à leur origine historique. Étant donnée une société quelconque, il y a, dans cette société, personnalité humaine, propriété (quelque élémentaire que vous la supposiez, un chameau, une hutte, des armes), famille, état ou autorité (quelque faible que vous l'admettiez). Ces institutions sont naturelles, parce qu'elles ont pris naissance naturellement, nécessairement, avec la société, par la nature des choses.

9° Caractère permanent du droit.

Le droit, universel, nécessaire, invariable, absolu dans son principe et dans sa fin, est positif par son contenu et par sa sanction : il est réalisé librement et rationnellement par la nation. Il est le produit de l'activité concrète de la nation, et non l'œuvre abstraite d'un individu ou de plusieurs individus.

Le droit est né avec la société, il vit avec la société, il mourra avec la société. C'est la langue de la vie nationale. Supposez interrompue, seulement pendant huit jours, l'existence de la langue anglaise, à l'instant même, la pensée des divers individus n'ayant plus de signe commun, la société anglaise sera en proie à une confusion inexprimable, et deviendra comparable à la population de Babel. De même, supposez interrompu seulement pendant huit jours l'existence totale du droit anglais, à l'instant même la nation anglaise cessera d'exister ; car la vie nationale sera tarie à sa source. Il n'y aura plus de personnalité humaine, plus de propriété, plus de famille, plus d'autorité. La patrie de Hobbes sera rayée de la carte du monde ; et ce sera le moment de s'écrier : *homo homini lupus*.

En un mot, le droit est permanent.

10° Caractère mobile du droit.

Mais la permanence du droit n'est pas l'immobilité.

Tout ce qui est créé est changeant, successif. A chaque instant de la durée, la création tout entière se transforme. A chaque instant de la durée, tout ce qui est, l'être réalise des manières d'être différentes, passe de la puissance à l'acte. Dieu seul est toujours en acte : la vie divine est un acte éternel et toujours indentique.

Chaque jour amène un changement dans la vie des individus. Le temps transforme aussi la vie nationale. Les fleuves coulent sans interruption vers leur embouchure, et s'ils remontent du côté de leur source, ce n'est jamais dans le même lit, mais dans celui que leur a tracé la nature, à côté du premier. L'eau qui coule dans l'Escaut à Audenaerde coule aussi à Gand, à Termonde, à Rupelmonde et à Anvers ; mais la Swaime près d'Audenarde, la Lys à Gand, la Dendre à Termonde et le Rupel à Rupelmonde, viennent en modifier la manière d'être. La vie des nations coule comme les eaux des fleuves.

Les transformations s'opèrent chez les individus et les nations insensiblement, successivement. On y assiste sans s'en douter. Tout ce que nous pouvons faire, c'est de les endiguer par notre liberté et puis de les constater à certaines époques, quand elles sont réalisées.

Les nations comme les individus restent les mêmes quant à leur substance. Ce qui varie, c'est la manifestation de cette substance. Pascal a dit : le genre humain est un homme qui ne meurt jamais et qui se perfectionne toujours. On peut dire, en quelque sorte, que la nation est un homme qui ne meurt jamais et qui se perfectionne toujours. Cet enfant qui jouait avec l'armure de son père, le comte d'Aquin, est le même que l'ange de l'École. Le jeune pensionnaire de Brienne est le même que le vainqueur d'Austerlitz et le prisonnier de Sainte-Hélène. Sous la toge des pairs du royaume uni de la Grande-Bretagne et d'Irlande, vous retrouverez les barons de Runningmead, et vous reconnaîtrez des Anglo-Saxons dans les habitants de la Nouvelle-Angleterre et dans les settlers des prairies de l'Ouest. Les guerilleros espagnols sont bien les descendants des Goths asturiens et des compagnons du Cid Campeador. Grattez le Moscovite et vous retrouverez le Tartare.

Le droit, qui est l'expression de l'ordre social, suit le mouvement national dans ses évolutions (1). La loi fondamentale de la société, sa raison d'être, sa substance ne changent pas : la variété humaine est toujours ramenée à l'unité sociale ; la fin de la société est toujours le bien ; la société reste toujours établie sur les mêmes bases primordiales, la personnalité humaine, la propriété, la famille, l'état ou l'autorité. Ce qui change, c'est la manifestation de la personnalité humaine, c'est l'organisation de la propriété, c'est la forme de l'autorité, c'est le règlement des droits de famille. La personnalité humaine est plus ou moins respectée; on en fait plus ou moins de cas. Mais le principe reste. Là où il a disparu totalement, la société a disparu ; et alors le droit, n'ayant plus d'objet, a disparu aussi.

(1) « Il y a entre le développement de la législation et celui de la société une intime correspondance ; les mêmes révolutions s'y accomplissent, et dans un ordre analogue. » Guizot, *Civilisation en France*, leç. 25.

La propriété est telle et telle dans la loi mosaïque, telle et telle à Sparte. La propriété des Quirites romains diffère de la propriété germanique. La propriété bénéficiaire diffère de la propriété allodiale. Une terre noble est possédée autrement qu'une terre roturière. La loi Salique traite la terre autrement que la loi Anglo-Saxonne. Les dispositions du code civil de 1804 sur la propriété ne sont pas analogues aux dispositions du code russe sur le même objet. Mais partout et toujours le principe de la propriété reste.

La puissance paternelle, l'autorité maritale, la tutelle, le régime matrimonial, le régime dotal, l'adoption, les questions d'état sont traités autrement chez les Juifs, autrement chez les Grecs, autrement chez les Romains, autrement chez les Germains, autrement chez les modernes. Mais partout et toujours, il y a eu une famille : des pères, des mères, des ascendants, des descendants, des tuteurs, des mariages.

L'État ou l'autorité a revêtu des formes innombrables, dont vous pouvez déjà lire la nomenclature dans la Politique d'Aristote. Il y a eu des républiques, des empires, de toutes les espèces et de tous les genres : des aristocraties, des démocraties, des oligarchies, et des combinaisons de toutes ces formes d'autorité. Nous n'avons pas à nous occuper de la forme. Mais ce que nous pouvons affirmer : c'est qu'il y a toujours eu une autorité.

La substance du droit est universelle, nécessaire, immuable, comme la substance sociale elle-même. La manifestation du droit varie comme la manifestation de la vie sociale. L'histoire d'un peuple, c'est l'histoire de son droit. Je citerai comme exemples deux des monuments juridiques les plus complets que nous présentent les annales du monde : le droit Romain et le droit Anglo-Saxon.

Depuis les XII Tables jusqu'aux Gracques et à César et depuis César jusqu'à Tribonien, le droit romain a suivi tout le mouvement national des romains. Le droit Anglo-Saxon est le monument vivant de l'histoire d'Angleterre, depuis les assemblées tumultueuses des bords de l'Eyder et de l'Elbe jusqu'au dernier parlement tenu à Westminster, depuis les conférences de Runingmead où furent posées sous la présidence du cardinal Étienne Langton les bases de la *Magna Charta*, jusqu'à la chambre actuelle des Lords présidée par le lord chancelier Cairns.

Gardez-vous de croire que ce développement du droit, parallèlement à la vie nationale, contienne la moindre idée de fatalité. La mobilité des formes du droit est, au contraire, le signe manifeste de la présence de la liberté humaine dans l'œuvre de la réalisation du droit.

Gardez-vous aussi de penser que la formation du droit soit le produit d'une liberté absolue, sans limites.

11° Caractère nécessaire du droit.

La formation du droit sur les bases concrètes et nécessaires de la société, est logique, rationnelle, et non arbitraire.

Au sommet de l'œuvre juridique paraît avec

force et éclat un principe nécessaire : la réalisation du bien.

D'autre part, le droit est, comme le mot l'indique lui-même, une règle. Cette règle doit être conforme à l'ordre social auquel elle s'applique. Une nation n'est pas un sujet d'expériences, comme un cadavre à l'amphithéâtre. Le bien à réaliser se proportionne à la vérité connue. Vous ne pouvez exiger d'un naturel de la nouvelle Calédonie la politesse et la distinction d'un gentilhomme européen, ou demander à un habitant de l'île de Ceylan la conception juridique d'un compatriote de d'Aguesseau ou de Blakstone. Toute règle de droit a deux extrémités : la réalisation du bien et celui ou ceux qui doivent réaliser le bien. Donc les éléments de cette règle doivent être puisés au moins pour moitié dans le milieu où elle doit régner, sinon elle manquerait de base concrète. Les lois sont faites pour les hommes, et non les hommes pour les lois. « Il est absurde, disent les rédac-
« teurs du code civil de 1804 dans un passage du
« Discours préliminaire que j'ai cité, il est absurde

« de se livrer à des idées absolues de perfection, « dans des choses qui ne sont susceptibles que « d'une bonté relative. » En obéissant à ce principe, le législateur n'abdique pas sa raison : il pose au contraire un acte de souveraine raison. L'art de bien vivre ne consiste pas dans la considération exclusive de l'esprit, mais dans l'asservissement des faits à la raison. Qui a jamais pu rêver l'introduction de la constitution anglaise chez les Turcs du XIXe siècle, chez les habitants de la Mongolie ou chez les insulaires de Madagascar ? Quel est le mécanicien, digne de ce nom, qui ait jamais tenté d'imprimer à une machine un mouvement contraire au mécanisme de cette machine ou supérieur à sa force de résistance ? Pour régler le mouvement d'une pendule à répétition, vous ne pouvez avancer ou reculer la grande aiguille à volonté : la pendule marquerait une heure et en sonnerait une autre.

Il en est ainsi du droit : « les lois ne sont pas de purs actes de puissance ; ce sont des actes de sagesse, de justice et de raison. »

Ne perdons jamais de vue ces considérations théoriques, confirmées par six mille ans d'expériences non interrompues. Qu'un homme, qu'une assemblée, qu'un peuple entier réuni dans ses comices, se mette en présence des idées, des sentiments, des désirs, qui dominent à un instant donné chez ce peuple, et qu'après avoir délibéré sur ce qui est utile et possible, il fasse une loi. Si cette loi devait faire perdre quelque chose du bien réalisé ou compromettre la réalisation future d'un bien supérieur, elle sera un abus de la force, un acte d'oppression, et elle ne méritera pas le nom de loi. Mais si les dispositions de cette loi ont rencontré ce qu'il y avait de mieux à faire à ce moment donné et pour ce peuple, si cette loi maintient le bien réalisé et tend à un bien supérieur, elle sera véritablement une loi conforme à la nature.

Il y a donc dans la vie des nations, pour chacune de leurs situations, des lois aussi immuables (quoique variables dans leurs applications) qu'il y en a pour une société idéale. L'unique tâche des législateurs est, non de créer ces lois (on ne les crée pas), mais de les découvrir.

Je m'estimerais heureux si je pouvais faire passer ces convictions raisonnées dans l'âme du lecteur.

Pour terminer cette matière, il me reste encore à traiter des cas possibles de collision entre la morale et le droit. Ce sujet est excessivement délicat, et il demande l'emploi d'une prudence particulière.

12° Des cas possibles de collision entre la morale et le droit.

Nous avons posé et démontré précédemment ce principe : tout ce qui est commandé ou défendu par le droit est commandé ou défendu par la morale.

Puis, en établissant scientifiquement la différence de l'ordre moral et de l'ordre social, nous avons trouvé une immense catégorie de faits contraires à la règle du bien et qui échappent à l'empire du droit, parce qu'ils sont du domaine inexpugnable de la conscience ou parce qu'ils sont absolument ignorés des hommes vivant en société : par exemple, la sensualité, l'orgueil, lagourmandise, la concupiscence, la colère, le suicide, ou un crime dont la société ignore absolument l'existence.

En dehors de ces faits, il a existé et il existe encore d'autres faits immoraux, qui établissent non une connexité entre le droit et ces faits, mais une collision entre le droit et la morale.

Veuillez le remarquer soigneusement, il ne s'agit pas ici de légitimer ces faits et encore moins l'horrible paradoxe que la fin justifie les moyens, quels qu'ils soient. J'insiste particulièrement sur cette observation. Il s'agit uniquement de rechercher l'origine et l'explication d'un fait historique universel, d'un fait qui a toujours existé et qui existe encore. Citons des exemples.

Dans les bas-fonds de la société, il y a des lieux sans nom, des bouges infects, où la jeunesse vient perdre son parfum et flétrir sa beauté, l'âge mûr avilir sa virilité et la vieillesse salir ses cheveux blancs. La débauche y est, pour ainsi dire, juridiquement organisée. Certes la volupté, qui est l'orgueil du corps, est immorale. Et voilà que le droit la prend, pour ainsi dire, sous sa protection.

Autre exemple. A l'imitation de la maison, fondée à Milan, au VIIIe siècle, par Datheus, archiprêtre de l'église de Saint-Ambroise, un grand homme, un grand saint, dont le nom est devenu dans les temps modernes le type ravissant et proverbial de la pureté et de la charité, a fondé des établissements appelés Tours, qui servent, pour ainsi dire, de réceptacle à un des plus grands crimes que connaisse la nature, un crime inconnu aux bêtes fauves. Le but de ces institutions est d'arracher à l'infanticide et à une éducation presque toujours perverse les innocentes victimes de la honte et de la luxure. Le droit, en réglementant et autorisant les tours, dans plusieurs pays de l'Europe, a donc, pour ainsi dire, facilité aux mères dénaturées la perpétration d'un crime, qui serait plus horrible encore si ses derniers effets n'étaient arrêtés par une charité juridiquement autorisée.

D'où viennent ces faits étranges et d'autres

faits analogues, moins parlants peut-être parce qu'ils sont moins visibles ou plus conformes à des préjugés plus généralement répandus ?

Le dualisme de la science du bien a deux causes principales, prises dans les côtés extrêmes de la nature humaine et répondant exactement aux causes de la perfection de notre nature et aux causes d'imperfection de notre nature, savoir : le respect obligé de la personnalité humaine et la nature finie et contingente des hommes.

Ici, ce dualisme se montre précisément sous son aspect le plus défavorable. Le droit doit réaliser le bien : voilà la raison suprême de son existence et la cause absolue de sa force obligatoire. Mais il se déploie au sein d'un ordre fini, relatif, dépendant du temps et de l'espace, d'un ordre qui ne réalise le bien que partiellement et successivement : voilà la raison finie et relative de son existence.

Pour réaliser le bien, le droit est donc forcé souvent de tolérer le mal ; mais alors il ne tolère ce mal que pour empêcher un mal plus considérable. En agissant ainsi, le droit réalise le bien, un bien relatif, si vous voulez, mais c'est toujours un bien, puisqu'en diminuant le mal, le non-être, on augmente le bien, l'être.

Certes il serait plus conforme à la sublime dignité de l'âme humaine de réaliser partout et toujours un bien supérieur plutôt qu'un mal moindre ; et toutes les tendances de la société doivent être dirigées vers ce résultat, en vertu de la règle immuable et nécessaire du bien ; mais si humainement il n'est pas possible, absolument pas possible, de faire autrement, il ne nous reste qu'une chose à faire, c'est de nous incliner devant l'imperfection des choses humaines et de ne pas faiblir dans notre lutte contre le mal. Cette modestie, loin d'être une abdication de la raison, est un acte de souveraine raison. Ne serait-ce pas le comble de la démence que de soutenir la thèse contraire, qui aboutirait à cette absurdité : l'homme est un être absolu.

Je suppose qu'au milieu des dix personnes, dont se compose l'équipage d'un navire, se trouve un homme, qui a la pensée invétérée de se noyer. Cet homme a le pouvoir de concevoir cet acte immoral, mais ses compagnons ont le droit de l'empêcher. Donc, à cet homme, égaré par la passion du non-être, on interdit l'accès du pont du navire ; on l'enferme même à fond de cale. Là, par un moyen quelconque (que j'invente pour les besoins de mon exemple), dont l'équipage ne peut absolument pas paralyser les effets désastreux, notre insensé peut parvenir non-seulement jusqu'à la mer, mais encore menace accidentellement d'engloutir avec lui et l'équipage et le navire. Que fera-t-on ? l'équipage est nécessaire sur le pont pour la manœuvre. Eh bien ! on fermera solidement le fond de cale et on laissera se promener librement notre homme sur le pont ; mais on le surveillera et si, malgré la surveillance active dont on l'entoure, il se jette à l'eau, on tâchera de le repêcher. Ainsi donc, pour réaliser le bien, c'est-à-dire, pour empêcher cet homme vicieux de faire le mal, on tolère un mal moindre.

Cet exemple est le premier qui me tombe dans

l'esprit : on peut en trouver d'autres plus concluants encore. Mais celui-ci suffit pour le but, vers lequel je désire diriger l'intelligence du lecteur.

Le procédé, dont je veux me rendre compte, n'est pas un procédé purement empirique. On l'emploie dans les sciences naturelles. Pour guérir un mal dangereux, on tolère la présence d'un mal inférieur et curable.

A ceux qui connaîtraient assez peu la nature humaine pour contester la légitimité de ce raisonnement, à ces esprits chagrins faits tout d'une pièce qui veulent soi-disant le bien , mais qui ne veulent pas des moyens licites et nécessaires pour le réaliser, je dirai : si vous avez un noble cœur, si réellement vous avez la passion de la perfection absolue, commencez par vous y élancer vous-même, prêchez d'exemple et puis communiquez avec ardeur la vérité à vos semblables. Quand vos semblables seront aussi parfaits que vous, votre théorie absolue sera facile à exécuter pour votre génération du moins. *Et cognoscetis veritatem et veritas liberabit vos*. Mais la génération suivante sera peut-être moins parfaite que la vôtre ; et alors la question se représentera tout entière.

La société est une réunion d'hommes et ne peut agir comme un seul homme.

Supposez que la société soit à l'abri de toute atteinte de ce qui pour nous actuellement est un mal positif ; que tous et chacun ne réalisent que le bien. Dans cet état de perfection relative de la société, le droit, quoique plus parfait, tolérera encore des biens très-médiocres, uniquement pour éviter des biens inférieurs à ceux-là et qui sont par rapport aux premiers un mal relatif. *Nemo bonus nisi solus Deus*.

Vous voyez bien que le principe que j'essaie d'expliquer est fondé, non sur la nature immuable des choses, mais sur la nature humaine qui compte pour quelque chose dans la réalisation du droit.

Les esprits chagrins, dont je parlais tantôt et qui rêvent pour l'avenir l'abolition totale du droit, ressemblent aux écrivains pour qui la morale et le droit ne sont que la conséquence de la corruption native de la nature. Voyez comme le proverbe, *les extrêmes se touchent*, est vrai : les premiers sont ceux qui nient dans le monde, contre la raison et contre les faits, l'existence du mal à l'état de puissance ennemie et s'imaginent que l'homme deviendra un jour Dieu. Les seconds sont, au contraire, ceux qui acceptent, mais inintelligemment, cette existence du mal, en s'imaginant qu'il fut un temps où l'homme était Dieu. *Et eritis sicut Dii.*

Je n'ai pas à donner ici une démonstration philosophique de l'existence du mal originel de l'humanité. D'ailleurs, cela n'est guère nécessaire. Parcourez l'histoire et le monde ; méditez un instant sur cette loi de guerre et de mort qui parcourt la nature entière, depuis la foudre qui incendie vos champs et vos maisons jusqu'à l'enfant qui mord le sein de sa nourrice ; rentrez en vous-même et écoutez la voix qui vous dit : je sens dans ma chair la loi du mal qui s'oppose à la loi de mon esprit ; je me plais dans la loi de Dieu selon l'homme intérieur, convaincu que ses commandements sont bons, justes et saints, je dis qu'il faut fuir tout ce qui est mal, mais je suis par la chair asservi à la loi du mal et je trouve en moi la volonté de faire le bien, sans trouver le moyen de l'accomplir. Étudiez, méditez et écoutez vos pensées et vous comprendrez que le mal est un fait universel avec lequel il faut compter. Job (VII, 1) disait : *militia est vita hominis super terram*. Senèque (Lettre 96) répéta après lui : *vivere, mi Lucili, militare est*.

Il importe de faire au mal une guerre implacable, à outrance. Mais cette guerre a sa tactique comme toute guerre. Un général ne triomphe pas de l'armée ennemie, sans faire souffrir sa propre armée.

En résumé, le droit est la forme objective du bien. Il ne tend qu'au bien ; et il ne peut tendre au bien que par des moyens bons, moraux : voilà le principe absolu, immuable, éternel. Dans la réalisation du bien, le droit peut se trouver en collision avec la morale, en ce sens qu'il peut tolérer un mal déterminé pour éviter un mal plus grand et seulement pour cela. Voici comment je propose de résumer ce fait : Tout ce qui est commandé ou défendu par le droit est commandé ou défendu par la morale ; mais tout ce qui est toléré par le droit n'est pas toléré par la morale.

Notez que je me sers du verbe tolérer et non du verbe permettre. Pourquoi ? Parce que le droit ne peut se servir, en aucun cas, d'un moyen immoral et parce qu'il n'y a aucune connexité entre le droit et un fait immoral.

Fais le bien, c'est la loi de l'être. Tous les frémissements de haine, tous les cris de rage, tous les grincements de dents des méchants ne peuvent renverser ce principe indélébile, inexorable, inéluctable. Ceux qui, en goguenardant, profitent de la tolérance forcée du droit, et échappent à la justice temporaire et transitoire des hommes, n'échapperont pas à la justice infiniment parfaite et éternelle qui est la sanction immortelle de la morale.

Nous avons trouvé la source immuable et absolue du droit. Nous sommes parvenus à le définir scientifiquement. Enfin, nous avons rigoureusement déterminé la notion du droit.

Après avoir démontré que le droit se réalise dans la nation par le pouvoir national, il faut maintenant décrire le comment de cette réalisation.

Il faut exposer comment le droit naît dans le temps et l'espace. L'étude de la génération concrète du droit comprend la théorie des sources humaines du droit.

CHAPITRE IV.

NAISSANCE DU DROIT ET SOURCES DU DROIT.

Le droit naît avec la société par la coutume. Il se maintient et se complète par la coutume, devenue règle, et par la loi.

La coutume et la législation, voilà les sources du droit. C'est d'elles que je vais traiter. Je parlerai aussi de la science du droit ou jurisprudence comme source subsidiaire du droit. Je terminerai par quelques considérations sur la codification.

1° De la coutume.

L'origine historique du droit est conforme à son origine scientifique. Nous avons déduit la notion de droit de l'étude de la nature humaine et des caractères de la société humaine. Le droit, c'est la réalisation du bien imposé à l'ordre social, en vertu de la loi universelle de l'être. Cette idée du droit git dans la conscience de tous et de chacun.

Chez toutes les nations, dont l'histoire a conservé le souvenir, cette idée du droit a été exprimée spontanément et d'une manière concrète, sous la forme de coutume. La coutume est écrite « es cœur des citoyens, » disaient les anciens jurisconsultes français.

La coutume est la première incarnation du droit. Cette réalisation spontanée du droit n'est pas irréfléchie, car la nation s'y prête pour l'acquit de son devoir moral, la réalisation du bien. Elle n'est pas non plus l'effet du hasard, car elle est nécessaire. Chez toutes les nations de la terre, la tradition donne une origine divine au droit. Ces traditions ne sont que la traduction du sentiment rationnel de la nécessité du droit.

La coutume juridique se forma donc, non comme une institution commode ou utile aux hommes vivant en société, mais comme expression concrète, comme réalisation positive dans le temps et l'espace d'un devoir moral.

Dès que l'idée du droit s'est incarnée par le mouvement spontané, réfléchi et logiquement nécessaire de la conscience nationale, le droit a une existence indépendante de la raison nationale ou du pouvoir national. Il règne, non comme expression de la volonté de la nation ou de la volonté du pouvoir national, mais il règne comme droit. Car la coutume n'engendre pas le droit : elle n'est que le signe auquel on le reconnaît. « La coutume, dit Puchta, pour le peuple qui l'a établie est un miroir où il se reconnaît. » La philosophie et l'histoire s'accordent dans la démonstration de ce fait. Le principe premier du droit est indépendant de la volonté humaine. Quand même la raison nationale ou le pouvoir national auraient changé, varié, depuis longtemps, quand tous les membres d'une nation considéreraient une coutume existante comme irrationnelle ou injuste, tant qu'elle existe, elle vaut comme droit.

C'est pour ce motif aussi que la coutume règne comme droit, alors même que les générations, au milieu desquelles elle s'est formée, auraient disparu depuis longtemps. La coutume lie la postérité, non comme règle devenue d'utilité sociale, mais comme droit. La force obligatoire de la coutume dérive de la force obligatoire du droit, dont elle est le signe. Les générations, au milieu desquelles la coutume s'est formée, n'ont pas créé la coutume; elles n'ont été que le moyen par lequel la coutume s'est formée. Je vais expliquer ces principes d'une autre manière encore.

La coutume qui s'établit au milieu d'une génération est l'effet de la volonté rationnelle, mais non du caprice de cette génération. Elle résulte de l'ensemble des libres mouvements qui constituent la vie nationale. Elle se forme lentement, successivement, par une action publique, à laquelle tous prennent part, comme les mœurs, comme les langues.

La formation des langues est certes un acte libre et rationnel. Il ne nous est pas permis cependant de rejeter l'état d'une langue, à un moment donné, sous le prétexte que nous n'y avons pas contribué. Joinville, Froissart, Commines et leurs contemporains ont livré la langue française formée par eux à la génération suivante : chaque individu a contribué à cette formation à tel ou tel degré, mais aucun n'a pu dire qu'elle était son œuvre exclusive. Marot, Rabelais, Montaigne, Ronsart et leurs contemporains n'auraient pas pu dire : nous ne voulons pas de cette forme de langue, nous en voulons radicalement une autre. Non, ils ont raisonné plus logiquement. Ils ont accepté la langue qui leur avait été livrée, non comme œuvre exclusive de la génération de Froissart et de Commines, mais comme langue française ; et, à leur tour, ils ont changé la langue, par une action insensible, lente et publique, sans se douter que Maleherbe,

Corneille, Racine, Descartes, Fénelon, Bossuet et leurs contemporains viendraient à leur tour travailler sur le fond commun et produire la langue du *Cid*, d'*Athalie* et de *la connaissance de Dieu et de soi-même.* Depuis le plus ancien monument de la langue française jusqu'au dernier discours prononcé à l'académie française, la langue est restée une quant à sa substance ; elle a varié et progressé quant à sa forme.

Il en a été de même pour la coutume. Vous pouvez vous en assurer par l'histoire du droit Romain, du droit Germanique et du droit Anglo-Saxon. Vous connaissez l'histoire du droit Romain : je puis donc vous y renvoyer, pour vérifier l'exactitude de ce que j'avance ici. Je vous envoie en même temps à cette maxime de Tacite : *corruptissima republica plurimae leges.*

La coutume a été la première forme du droit. Elle est la base de toutes les législations dont l'histoire fasse mention. Quand même, nous n'aurions pas de document historique, pour le démontrer, nous le démontrerions par les déductions de la raison. En effet, la loi, la législation suppose nécessairement un état de droit antérieur, qui réglait au moins la forme du pouvoir législatif et celle des institutions sur lesquelles la loi devait porter.

La coutume se manifeste par une action publique, concrète. De là les formes symboliques et les jugements populaires que nous trouvons à l'origine de toutes les législations. Les formes symboliques traduisent matériellement l'esprit et le sens des institutions. Les jugements populaires, qui sont la sanction sociale de ces institutions, sont aussi la constatation publique de la coutume elle-même.

Reculez, autant que vous le voudrez, l'origine et la constatation historique de la coutume, dans l'État, dans la tribu ou dans la famille patriarcale, elle restera toujours le signe du droit. L'origine du droit se confond donc avec l'origine de la société elle-même. Cela devait être ; car le droit, c'est la réalisation nécessaire du Bien dans l'ordre social.

2° De la Législation.

J'ai comparé la naissance et la formation concrète du droit à la naissance et à la formation des langues. Continuons cette comparaison, empruntée à une école de droit célèbre.

La langue est le signe de la pensée ; mais il n'est pas le seul. L'écriture est le deuxième signe de la pensée. La coutume est le premier signe du droit ; la loi en est le second. La coutume est la langue du droit : la loi est l'écriture du droit.

La coutume, qui naît avec la société elle-même, exprime le droit dans sa totalité : elle embrasse tous les rapports de droit que la nation comporte ; ou plutôt, la coutume, naissant avec les rapports sociaux, s'empare immédiatement de ces rapports, pour leur donner une empreinte juridique. A l'apparition de la loi chez une nation quelconque, le droit existe donc réalisé sous une forme concrète. On peut dire que l'apparition de la loi prouve par elle-même un état de droit déjà avancé.

Ainsi donc la loi ne crée pas le droit, puisqu'elle

en est le signe. Non-seulement la loi ne crée pas le droit ; mais quand elle apparaît, elle n'exprime même pas le droit tout entier.

La loi émane du pouvoir national, c'est-à-dire, de la nation dans son unité, tandis que la coutume émane de la conscience nationale, c'est-à-dire, de la nation dans sa variété. Dans les deux cas, c'est la raison nationale, dominée par l'idée du droit, qui agit et réalise.

La loi est produite par la même nécessité sociale, qui donne naissance à la coutume. Ce caractère de nécessité prend sa source dans le droit lui-même, dont la réalisation est logiquement nécessaire, puisqu'il n'est qu'une forme du bien.

Le pouvoir national (prince, sénat, assemblée élective ; ou à la fois prince, sénat et assemblée élective ; etc.) délibère, rédige et publie la loi :

1° Quand la coutume existante est en opposition avec les circonstances du temps ou des lieux, ou avec les idées nationales.

Nous avons vu que du moment où la coutume était réalisée, elle existait comme droit, et que par conséquent elle avait une existence indépendante de la volonté nationale. Pour changer cette contradiction entre la règle et les cas d'application de la règle, il faut une décision solennelle. Cette décision s'appelle loi.

2° Quand la nation doit régler des rapports immédiatement actuels, sur lesquels il n'a pu se former une coutume publique et générale, surtout des faits ou des choses qui ont trait plutôt à l'utilité actuelle qu'aux principes fondamentaux de la justice proprement dite.

3° Quand la nation prend des mesures pour l'avenir ; quand elle a en vue des buts futurs.

La loi emporte donc, non dans sa naissance, mais dans sa conception, un caractère de liberté, dont la coutume n'est pas dépourvue, mais qu'elle possède à un degré beaucoup moindre. S'il me fallait comparer, au point de vue spécial de la liberté, la coutume et la législation, je dirais : la coutume est plus libre dans sa naissance ; mais la législation est plus libre dans sa conception.

La législation est la conséquence d'un développement juridique supérieur, du moins en règle générale. La législation est dans le droit d'une nation ce que la littérature est dans l'histoire d'une langue. Les lois ne sont pas toujours écrites : témoin les lois de Lycurgue ; mais les œuvres d'une littérature n'ont pas toujours été écrites : témoin les œuvres d'Homère et les Niebelungen.

La nation est complétement libre dans la confection de la loi ; libre dans le sens philosophique du mot. Mais cette liberté n'est pas absolue , comme plusieurs se l'imaginent. Elle est limitée :

1° D'abord par les limites du droit lui-même.

2° Elle ne peut avoir qu'une direction unique, celle du bien dans l'ordre.

3° La loi n'est pas indépendante des faits concrets qu'elle doit régler : la loi est faite pour les hommes, et non les hommes pour la loi.

4° La liberté nationale n'a pas un pouvoir créateur absolu. La loi ne peut recommencer à neuf l'expression et la détermination du droit, comme la coutume l'a fait à l'origine. Pourquoi ? Parce que la liberté humaine, qui a, jusqu'à un certain point, le pouvoir de tout détruire, n'a pas le don absolu de création. C'est l'avis de Bacon de Verulam et des rédacteurs de notre législation civile actuelle. Voici comment s'exprimait l'illustre chancelier dans les propositions qu'il fit à Jacques I pour l'amélioration des lois anglaises. : « J dare not advise to « cast the law into a new mould. The work wich « I propound tendeth to prunning and grafting the « law, and not to plough up and planting it again ; « for such a remove I should hold indeed for « a perilous innovation. » (1)

Les rédacteurs du code civil parlent dans le même sens, en renforçant encore les arguments du jurisconsulte-philosophe anglais. Nous lisons dans le Discours préliminaire : « Quelle tâche que la « rédaction d'une législation civile pour un grand « peuple ! L'ouvrage serait au-dessus des forces « humaines, s'il s'agissait de donner à ce peuple « une institution absolument nouvelle, et si... on « dédaignait de profiter de l'expérience du passé,

(1) Voy. *proposal for amending the laws of England.*

« et de cette tradition de bon sens, de règles et
« de maximes, qui est parvenue jusqu'à nous, et
« qui forme l'esprit des siècles. »

Dans l'exposé général du système du code civil, considéré dans son ensemble et dans ses diverses parties, fait par M. Portalis dans la séance du corps législatif du 24 novembre 1801 (3 frimaire an X), on trouve ce remarquable passage :
« Quelques personnes paraissent regretter de ne
« rencontrer aucune grande conception dans le
« projet du code civil qui a été soumis à la dis-
« cussion. Elles se plaignent de n'y voir qu'une
« refonte du droit romain, de nos anciennes cou-
« tumes et de nos anciennes maximes. — Il serait
« à désirer que l'on pût attacher quelque idée pré-
« cise à ce qu'on entend par grande conception.
« Veut-on exprimer par ce mot quelque nouveauté
« bien hardie, quelque institution à la manière
« des Solon et des Lycurgue ? — Mais ne nous y
« trompons pas, législateurs ; une nouveauté
« hardie n'est souvent qu'une erreur brillante, dont
« l'éclat subit ressemble à celui de la foudre qui

« frappe le lieu même qu'elle éclaire (1). — Gar-
« dons-nous donc de confondre le génie qui crée,
« avec l'esprit novateur qui bouleverse ou déna-
« ture. — Les institutions de Solon et de Lycurgue,
« qui nous paraissent si singulières, avaient leurs
« racines dans les mœurs des peuples pour qui
« elles étaient faites. Solon nous avertit lui-même
« qu'il ne faut jamais donner à un peuple que les
« lois qu'il peut comporter. — Les temps anciens
« ne ressemblent point à nos temps modernes.
« Dans l'antiquité, les nations étaient plus isolées,
« et conséquemment plus susceptibles d'être régies
« par des institutions exclusives. Dans nos temps
« modernes, où le commerce a établi plus de liens
« de communications entre les divers états, qu'il
« n'en existait autrefois entres les villes d'un
« même empire ; dans nos temps modernes, où

(1) Imitation d'un mot de l'avocat-général Servan, parlant de *l'Esprit des lois* : « Cet ouvrage, où l'on cherche toujours un tout, en admirant tant de parties, n'a point rempli son objet : à proportion que le système y domine, la vérité s'éloigne, et l'auteur n'a souvent payé qu'en éclair ce qu'il promettait en lumière (Discours sur le progrès des sciences, en 1789). »

« les mêmes arts, les mêmes sciences, la même
« religion, la même morale, ont établi une sorte
« de communauté entre tous les peuples policés
« de l'Europe, une nation qui voudrait s'isoler de
« toutes les autres par ses maximes, se jetterait
« dans une situation forcée qui gênerait sa poli-
« tique et compromettrait sa puissance, en l'obli-
« geant de renoncer à toutes ses relations, ou qui
« ne pourrait subsister, si ces relations étaient
« conservées. — Le reproche fait aux rédacteurs
« du projet, d'avoir travaillé, au moins en partie,
« d'après le droit romain et d'après les anciennes
« coutumes, mérite d'être apprécié à sa juste
« valeur. — Connaît-on un peuple qui se soit
« donné un code civil tout entier, un code abso-
« lument nouveau, rédigé sans égard pour aucune
« des choses que l'on pratiquait auparavant ? —
« Interrogeons l'histoire ; elle est la physique
« expérimentale de la législation. Elle nous
« apprend qu'on a respecté partout les maximes
« anciennes, comme étant le résultat d'une longue
« suite d'observations. — Jamais un peuple ne

« s'est livré à la périlleuse entreprise de se séparer
« subitement de tout ce qui l'avait civilisé, et de
« refaire son entière existence. — La loi des
« douze tables ne fut que le recueil des lois des
« anciens rois de Rome. — Le code Justinien et
« ceux de ses prédécesseurs ne furent que des
« compilations. — En France, les belles ordon-
« nances du célèbre chancelier de l'Hôpital, celles
« de Louis XIV, n'offrent que le choix éclairé des
« dispositions les plus sages que l'on retrouve
« dans nos coutumes ou dans les anciens dépôts
« de la législation française. — De nos jours,
« Frédéric II, roi philosophe, a-t-il fait autre chose
« que de réunir avec méthode les règles et les
« principes que nous avons reçus des Romains, et
« qui ont civilisé l'Europe ? — Le code général
« de Prusse, qui a été récemment publié, a plus
« d'étendue que celui de Frédéric ; mais il n'a été
« que le gardien sage et fidèle de toutes les maxi-
« mes reçues : il a même respecté les coutumes
« locales. — Pourquoi donc aurions-nous eu l'im-
« prudence de répudier le riche héritage de nos

« pères ? — Cependant il faut l'avouer, il se trouve,
« dans la durée des États, des époques décisives
« où les événements changent la position et la
« fortune des peuples, comme certaines crises
« changent le tempérament des individus. Alors
« il devient possible et même indispensable de faire
« des réformes salutaires ; alors une nation, placée
« sous un meilleur génie, peut proscrire des abus
« qui l'accablaient, et reprendre, à certains égards,
« une nouvelle vie. — Mais alors même, si cette
« nation brille déjà depuis longtemps sur la terre,
« si depuis longtemps elle occupe le premier rang
« parmi les peuples policés, elle doit encore ne
« procéder à des réformes qu'avec de sages ména-
« gements : elle doit, en s'élevant avec la vigueur
« d'un peuple nouveau, conserver toute la matu-
« rité d'un ancien peuple. — On peut indifférem-
« ment porter la faux dans un champ qui est en
« friche ; mais sur un sol cultivé, il faut n'arra-
« cher que les plantes parasites qui étouffent les
« productions utiles. — En revenant sur notre
« législation civile, nous avons cru qu'il suffisait

« de tracer une ligne de séparation entre les réfor-
« mes qu'exige l'état présent de la république, et
« les idées d'ordre réel que le temps et le respect
« des peuples ont consacrées. — Les théories
« nouvelles ne sont que les systèmes de quelques
« individus ; les maximes anciennes sont l'esprit
« des siècles. — Sans doute, le génie peut, en
« communiquant par la pensée avec le bonheur
« des hommes, découvrir des rapports inconnus
« jusqu'à lui ; mais le temps seul peut assurer
« aux productions du génie des hommages et des
« partisans, parce que le temps seul habitue les
« hommes à la conception des vérités qui étendent
« ou multiplient nos rapports. Le législateur qui
« ne peut sans danger franchir subitement d'aussi
« grands intervalles, doit demeurer dans les
« limites que la tradition des lumières a déter-
« minées, jusqu'à ce que les événements et les
« choses l'avertissent qu'il peut, sans commotion
« et sans secousse, marcher dans la carrière qui
« lui avait été ouverte par le génie (1). »

(1) Voy. Locré, *Législ. civ., com. et crim. de la France*, t. I, p. 323-326.

Le discours prononcé dans la séance du corps législatif du 30 ventôse an XII, par M. Jaubert (de la Gironde), orateur du Tribunat, sur la loi concernant la réunion des lois civiles en un seul corps de lois, sous le titre de code civil des Français, se termine par ces paroles : « Notre code est « la censure de plusieurs lois anciennes. — Mais « si nous pouvons nous féliciter de ce que les « idées d'analyse sont perfectionnées, pourrions- « nous être ingrats envers nos devanciers ? — « Nous nous trouvons à une des plus belles épo- « ques que l'histoire puisse présenter. Cependant « les temps qui ont passé avaient produit de grands « hommes. A ceux que j'ai nommés, que de noms « illustres viennent s'associer ! Les Harlay, les « Séguier, les Talon, les Domat, les Cochin, les « Dudon, les Pothier, les la Chalotais, et tant « d'autres qui ont honoré la magistrature et le « barreau, quels services n'ont-ils pas rendus ? « quels plus grands encore n'auraient-ils pas « été capables de rendre (1) ? »

(1) Voy. Locré, l. c., pp, 263-264.

Toutes les idées précédentes sont résumées dans cette phrase du Discours préliminaire : « Les codes des peuples se font avec le temps ; mais à proprement parler on ne les fait pas (1). » Repkow, le compilateur du vieux droit Saxon, dit dans la Préface du *Sachsenspiegel* :

Dies Recht hab ich nicht erdacht,
Es habens von Alter uf Uns bracht
Unsere gute Vorfahren.

Une fois que la législation est introduite dans l'évolution du droit, elle devient la source la plus abondante du droit. La législation grandit et se perfectionne, en raison directe de l'unité nationale et des causes déterminantes de la loi ci-dessus indiquées.

Mais quelle que soit la prépondérance de la législation dans le développement du droit, elle ne va jamais jusqu'à effacer totalement la coutume. La coutume, produit direct et réfléchi de la conscience nationale, reste source du droit, soit pour la

(1) Voy. Locré, I. c., p. 265.

formation de préceptes de droit, soit pour le développement du droit lui-même. Il y a beaucoup à dire sur ce principe ; mais je dois me borner à des considérations sommaires. Quelque parfaite que soit une législation, elle ne peut tout prévoir. Les situations que produit le mouvement permanent de l'ordre social varient à l'infini. Le droit, qui est la règle et l'expression de l'ordre social, doit se plier à toutes ces situations, en leur imposant pour condition le maintien du bien ou la conquête du mieux. Cette tendance permanente du droit à donner une empreinte juridique à toutes les situations de la vie sociale doit avoir une réalisation concrète. Si la législation se tait, et elle doit nécessairement se taire souvent puisqu'elle n'a pas le don de tout prévoir, la coutume reparaît, qu'on l'appelle précédent, jurisprudence, désuétude, usage, habitude ou autrement. Cette action du droit qui se fait jour par la conscience nationale est identique à l'action du droit par la coutume à l'origine des sociétés humaines. Les jurisconsultes lui ont donné le nom d'*opinio necessitatis*.

Les principes que j'essaie de faire comprendre ici ne sont pas nouveaux. Ils sont fondés sur l'expérience des siècles, le bon sens et la raison.

Le droit romain les mettait en pratique. Si vous ne le savez pas encore, lisez et étudiez les ouvrages de MM. de Savigny et Puchta. Je ne ferai qu'une citation. Au temps d'Adrien, alors que le despotisme césarien n'avait pas encore éteint le dernier souffle de la vie nationale des Romains, le jurisconsulte Julien (1) écrivait : « Puisque « la loi écrite ne nous oblige que parce qu'elle « est approuvée par le jugement du peuple, la loi « non-écrite approuvée par le peuple doit avoir le « même effet ; car où est la différence, soit que « le peuple donne à une loi son assentiment par « suffrages, soit qu'il le donne en agissant d'une « manière uniforme conformément à cette loi ? »

La coutume est la pierre angulaire des lois de l'Angleterre, le pays classique de la légalité et du

(1) Voy. le Fr. 32, Dig., *de Legibus*, L. I, T. 3.

respect du droit. Blakstone (1) la définit ainsi : « La coutume générale et immémoriale ou loi-com-« mune, déclarée telle, de temps à autre, par les « décisions des cours de justice, décisions conser-« vées dans nos registres publics, expliquées « dans les rapports et rédigées pour l'usage géné-« ral dans les écrits faisant autorité des vénérables « interprètes de la Loi. » Le célèbre professeur d'Oxford explique, *loc. cit.*, comment les principes dont j'ai donné le résumé , sont encore appliqués aujourd'hui.

Pour notre législation, je vais laisser parler les rédacteurs du code civil. On lit dans le Discours préliminaire : « Quoi que l'on fasse, les lois posi-« tives ne sauraient jamais entièrement remplacer « l'usage de la raison naturelle dans les affaires « de la vie. Les besoins de la société sont si variés, « la communication des hommes est si active, « leurs intérêts sont si multipliés et leurs rapports « si étendus, qu'il est impossible au législateur

(1) (*Commentaire sur les Lois Anglaises*, trad de M. Chompré, 6 vol. in 8°, Paris, 1822), t. I, p. 112.

« de pourvoir à tout. — Dans les matières même
« qui fixent particulièrement son attention, il est
« une foule de détails qui lui échappent, ou qui sont
« trop contentieux et trop mobiles pour pouvoir
« devenir l'objet d'un texte de loi. — D'ailleurs
« comment enchaîner l'action du temps, comment
« s'opposer au cours des événements ou à la pente
« insensible des mœurs ? comment connaître et
« calculer d'avance ce que l'expérience seule peut
« nous révéler ? La prévoyance peut-elle jamais
« s'étendre à des objets que la pensée ne peut
« atteindre ? — Un code, quelque complet qu'il
« puisse paraître, n'est pas plutôt achevé, que
« mille questions inattendues viennent s'offrir au
« magistrat. Car les lois, une fois rédigées, demeu-
« rent telles qu'elles ont été écrites ? Les hommes,
« au contraire, ne se reposent jamais ; ils agissent
« toujours ; et ce mouvement qui ne s'arrête pas,
« et dont les effets sont si diversement modifiés
« par les circonstances, produit à chaque instant
« quelque combinaison nouvelle, quelque nouveau
« fait, quelque résultat nouveau. — Une foule de

« choses sont donc nécessairement abandonnées « à l'empire de l'usage, à la discussion des hom- « mes instruits, à l'arbitrage des juges. — L'office « de la loi est de fixer par de grandes vues les « maximes générales du droit ; d'établir des prin- « cipes féconds en conséquences, et non de des- « cendre dans le détail des questions qui peuvent « naître sur chaque matière. — C'est au magistrat « et au jurisconsulte, pénétrés de l'esprit général « des lois, à en diriger l'application. — De là « chez toutes les nations policées, on voit toujours « se former à côté du sanctuaire des lois, et sous « la surveillance du législateur, un dépôt de « maximes, de décisions et de doctrines qui s'épure « journellement par la pratique et par le choc des « débats judiciaires, qui s'accroît sans cesse de « toutes les connaissances acquises, et qui a con- « stamment été regardé comme le vrai supplément « de la législation. »

Plus loin, on lit : « Il serait, sans doute, dési- « rable que toutes les matières pussent être réglées « par des lois. — Mais, à défaut de texte précis

« sur chaque matière, un usage ancien, constant
« et bien établi , une suite non interrompue de
« décisions semblables , une opinion ou une
« maxime reçue, tiennent lieu de loi. Quand on
« n'est dirigé par rien de ce qui est établi ou
« connu , quand il s'agit d'un fait absolument
« nouveau, on remonte aux principes du droit
« naturel. Car, si la prévoyance des législateurs
« est limitée, la nature est infinie ; elle s'applique
« à tout ce qui peut intéresser les hommes. —
« Tout cela suppose des compilations, des recueils,
« des traités, de nombreux volumes de recherches
« et de dissertations. — Le peuple, dit-on, ne
« peut, dans ce dédale, démêler ce qu'il doit éviter
« ou ce qu'il doit faire pour la sûreté de ses posses-
« sions et de ses droits. — Mais le code même le
« plus simple, serait-il à la portée de toutes les
« classes de la société ? Les passions ne seraient-
« elles pas perpétuellement occupées à en dé-
« tourner le vrai sens ? Ne faut-il pas une certaine
« expérience pour faire une sage application des
« lois ? Quelle est d'ailleurs la nation à laquelle

« des lois simples et en petit nombre aient long-
« temps suffi ? — Ce serait donc une erreur de
« penser qu'il put exister un corps de lois qui eut
« d'avance pourvu à tous les cas possibles, et qui
« cependant fut à la portée du moindre citoyen. »

Enfin, dans le même Discours préliminaire, qui renferme la théorie du code, on trouve ce passage : « Quand la loi est claire, il faut la suivre ;
« quand elle est obscure, il faut en approfondir
« les dispositions. Si l'on manque de loi, il faut
« consulter l'usage ou l'équité. L'équité est le
« retour à la loi naturelle, dans le silence, l'oppo-
« sition ou l'obscurité de lois positives (1). »

Pour donner plus de clarté à ce qui précède, il est utile de transporter un instant la question sur le terrain de la pratique.

L'art. 7 de la loi du 21 mars 1805 (30 ventôse au XII) porte, « qu'à compter du jour où les lois,
« composant le code civil, seront exécutoires,
« les lois romaines, les ordonnances, les coutumes

(1) Pour ce passage et les précédents, voy. Locré, ouv. cité, t. I, p. 257-258, p. 359-260, et p. 263.

« générales et locales, les statuts, les règlements, « cesseront d'avoir force de loi générale ou parti- « culière, dans les matières qui sont l'objet des « lois qui composent le code civil. » L'ancien droit coutumier est donc resté debout pour les objets non prévus par le code civil : les discussions qui eurent lieu sur cet article au conseil d'État le prouvent avec évidence (1).

Le code renvoie assez souvent aux usages, c'est-à-dire, à la coutume. Voy., par ex., les a. 590, 591, 593, 608, 645, 650, 663, 671, 674, 1135, 1159, 1160, 1648, 1736, 1748, 1753, 1754, 1757, 1758, 1759, 1762, 1777. Voyez aussi les titres des obligations conventionnelles en général et le titre du contrat de mariage.

Le Discours préliminaire du code, les discussions au conseil d'État et au corps législatif, quelques articles du code tels, par exemple, que les articles 565 et 1135, renvoient à l'équité. Qu'est-ce que l'équité ? J'ai cité tantôt la définition qu'en a

(1) Voyez, à ce sujet, Locré, ouv. cité, I, p. 102 sq.

donnée le Discours préliminaire. « L'équité dit-il, est le retour à la loi naturelle, dans le silence, l'opposition ou l'obscurité des lois positives. » Mais alors, qu'est-ce que la loi naturelle dans une question d'accession ou dans une obligation de louage ou d'échange? Que le lecteur me permette de m'appuyer, dans des questions aussi délicates, sur des autorités plus considérables que la mienne. Voici comment M. Henri Klimrath répond à la question posée : « Si par la loi naturelle,
« équité naturelle, raison naturelle, on entend ce
« qui semble juste à chacun, par cela seul que tel
« est son sentiment, et sans pouvoir en déduire de
« motifs, ou que des motifs aussi peu concluants,
« aussi mal fondés que ce premier sentiment si
« vague et que chacun traduit à sa manière, le
« droit naturel, l'équité, sont une des choses les
« plus pernicieuses qui se puissent imaginer. Dans
« le temps où les cours souveraines exerçaient
« encore un pouvoir discrétionnaire plus étendu,
« dans le temps des peines arbitraires et des arrêts
« de règlement, on éprouvait vivement ce qu'une

« telle manière de rendre la justice avait d'inique et
« de perfide. Aussi le proverbe en courait-il dans
« la bouche du peuple : Dieu nous garde de l'équité
« du Parlement! La magistrature elle-même devait
« sentir combien elle s'exposait par là à commettre
« d'injustices et à faire suspecter son impartialité.
« D'Aguesseau protesta hautement contre cet
« abus. « Quelle règle, s'écriait-il dans sa Mercu-
« riale de 1704, quelle règle pourra suivre celui
« qui fait profession de n'en point apprendre? Et
« faudra-t-il s'étonner si la légèreté préside à ses
« jugements, si le hasard les dicte quelquefois,
« et presque toujours le tempérament? Puissances
« aveugles et véritablement dignes de conduire
« un esprit qui a secoué le joug pénible, mais
« glorieux et nécessaire, de la science! » — Évi-
« demment, il faut trouver à l'équité une règle
« invariable et sûre; et cette règle, nous la con-
« naissons déjà, c'est l'histoire. Hors de l'équité
« historique, si l'on peut ainsi parler, il n'y a
« qu'incertitude, caprice et arbitraire. Que la loi
« ait omis de s'expliquer sur un genre de relation

« depuis longtemps pratiqué entre des citoyens : « ce qui sera juste, ce qui sera équitable, c'est ce « qui, dans ce cas, se pratique communément. Il « existe une coutume, née du besoin, fondée sur « la nature même des rapports qu'il s'agit de « régler, adoptée par l'opinion, qui se confie en « elle ; il faut donc la respecter. — Une sorte « nouvelle de convention s'est-elle, au contraire, « formée depuis la confection de la loi? Étudiez « son origine, le besoin auquel elle devait répondre, « le but que se proposait l'intention commune des « parties, les circonstances qui peuvent exiger « ou défendre l'application des principes généraux « sur les contrats. Ces causes, étant les mêmes, « imprimeront à toutes les conventions de cette « espèce un caractère commun, et bientôt il se « formera un usage, une coutume, expression de « la véritable équité (1). » Nous reprendrons plus tard la question de l'équité, et nous essaierons

(1) Voy. H. Klimrath, *Essai sur l'étude historique du Droit*, p. 259. (Dans *Travaux sur l'histoire du Droit français*, publiés par *M. Warnkoenig*, 2 vol. in 8°, Paris, 1843.)

de l'approfondir. Aux réflexions si claires et si logiques de M. Klimrath, lesquelles ne s'appliquent peut-être pas à tous les cas qui peuvent se présenter, je me permets d'ajouter une remarque : l'équité est réellement coutumière. En voici une preuve. Supposez un tribunal composé de trois juges, dont deux sont partisans des idées de M. Proudhon sur la propriété. Que sera l'équité de ce tribunal dans une question de propriété ? Évidemment la condamnation de la propriété, si l'on admet que l'équité est le retour à la raison individuelle.

Une dernière observation, pour terminer cet aperçu pratique de la génération et des sources du droit. Le Discours préliminaire, d'où j'ai déjà tiré tant de citations, porte, au nº 27 : « Les lois con-
« servent leur effet, tant qu'elles ne sont pas abro-
« gées par d'autres lois, ou qu'elles ne sont pas
« tombées en désuétude. Si nous n'avons pas for-
« mellement autorisé le mode d'abrogation par la
« désuétude ou le non-usage, c'est qu'il eut peut-
« être été dangereux de le faire. Mais peut-on se

« dissimuler l'influence et l'utilité de ce concert « indélibéré, de cette puissance invisible, par « laquelle, sans secousse et sans commotion, les « peuples se font justice des mauvaises lois, et qui « semblent protéger la société contre les surprises « faites au législateur, et le législateur contre lui- « même (1)? » — Les rédacteurs du code avouent donc eux-mêmes que la désuétude ou le non-usage, c'est-à-dire, la coutume a le pouvoir d'abroger la législation elle-même. Je sais que ce principe, évident en théorie, a été et est encore contesté dans la pratique. Ainsi, par exemple, la cour de Cassation de France a consacré un principe contraire dans sa jurisprudence sur la présence réelle du notaire en second et des témoins instrumentaires dans la rédaction des actes notariés. La cour avait de bonnes raisons sans doute pour motiver son arrêt; et ce n'est pas à moi qu'il appartient de les contester. Je raisonne ici au point de vue théorique, philosophique; et je dis que la coutume véritable

(1) Voy. Locré, l. c., p. 269-270.

est aujourd'hui encore une manifestation du droit aussi légitime que la législation elle-même. Si je voulais raisonner au point de vue pratique, j'invoquerais l'art. 25 de notre constitution : « Tous les pouvoirs émanent de la nation. »

En 1843, il a fallu en France l'intervention du législateur pour empêcher le retour à l'exécution de la loi du 25 ventôse an XI, dont l'art. 9 était tombé en désuétude depuis quarante ans. Qu'est-ce que cela prouve ? Cela prouve précisément la force de la coutume contre la loi elle-même, puisque le législateur lui-même s'est fait l'instrument de la coutume. Il en sera toujours ainsi. Quand une coutume s'établira contrairement à une loi, c'est-à-dire, quand une loi quelconque tombera en désuétude, cette loi sera abrogée en fait, elle sera une lettre morte dépourvue de vie. Quand je dis coutume, j'entends une coutume expression du droit, c'est-à-dire, réalisant le bien.

J'ai insisté sur toutes ces considérations pour des motifs purement scientifiques. La coutume tient peu de place aujourd'hui dans le droit belge et dans le droit français : l'esprit peut-être exagéré de législation et surtout l'esprit de centralisation qui caractérisent notre époque ne permettent pas à la coutume de se développer ; et d'ailleurs cinquante ans à peine nous séparent des temps où le développement de l'ancien droit a été subitement et totalement arrêté pour faire place à un établissement juridique, sinon entièrement nouveau, du moins complétement transformé. Le droit presque tout entier a été systématiquement rédigé et méthodiquement inséré dans des recueils écrits. Mais il n'en est pas ainsi dans tous les autres pays du monde, surtout en Angleterre, la terre classique de la « légalité. » L'étude de la philosophie du droit doit dominer les divers établissements de droit que nous présente l'histoire.

Un autre motif encore m'a déterminé à suivre cette méthode. Bien des personnes s'imaginent que le droit tout entier est renfermé dans ce qu'on appelle les cinq codes. Ce préjugé est fatal à la science et il donne raison aux appréhensions du consul Cambacérès, qui, tout en reconnaissant les avantages du code civil dont il fut un des principaux ouvriers, répétait souvent à M. LOCRÉ qu'il craignait que ce code ne tuât l'étude (1).

La plupart de mes lecteurs ne sont pas de ces personnes, je le sais. Mais je voudrais pouvoir les convaincre encore plus profondément, non seulement de l'utilité, mais de la nécessité de l'étude de

(1) Voy. *Législ. civ.*, etc. T. I, p. 120. — M. *Desquirou* a pris *Sichard* et *Juste Lipse* pour deux Jurisconsultes de Rome. M. *Duranton* raconte dans son *cours de droit français* (T. XI, p. 210.) : « qu'Irnerius était chancelier d'Alaric, roi des Lombards. » N'est-il pas triste de voir beaucoup de compatriotes de *Cujas* et de *Jacques Godefroid* accepter encore, même après les travaux de l'Allemagne contemporaine, la fable du manuscrit unique des Pandectes enlevé à Amalfi en 1135 par les Pisans. — Le lecteur connaît sans doute cette parole d'un juge français du temps de la révolution à un avocat qui citait un texte de droit Romain : « laisse-là tes lois papales ! » Il y a aujourd'hui encore beaucoup de gens, qui se flattent d'être jurisconsultes et qui au besoin feraient montre, sinon d'autant de grossiéreté, au moins d'autant d'ignorance ; des gens qui crieraient avec le plus naïf emportement à celui qui citerait un texte de la *loi Salique*, des *Capitulaires* ou des anciennes *Coutumes statutaires*, passé dans le *Code civil* sous une forme moderne : « laisse-là tes lois féodales ! » Combien de personnes de très-bonne foi s'imaginent que toute notre législation civile date d'il y a cinquante ans.

l'histoire du droit. Cette étude était bien tombée en France et en Belgique. Elle commence, dit-on, à se relever. C'est aux jeunes générations, qu'il appartient de la relever plus haut encore. C'est d'elle que viendra le progrès, parce que c'est elle seule qui peut éteindre les préjugés et par conséquent rapprocher les intelligences.

Les spéculations abstraites, les systèmes, les doctrines ne nous manquent pas. Ce qui nous manque, c'est l'expérience séculaire, c'est la liaison des traditions, l'accord unanime sur certains axiomes juridiques qui sont la pierre angulaire de tout édifice social à tous les âges du monde. L'étude approfondie et impartiale de l'histoire des monuments juridiques peut seule nous amener ces bienfaits, et nous aider à marcher d'un pas ferme et viril vers de nouvelles destinées.

La chaîne des temps se déroule avec une impassible régularité. Libres, nous sommes maîtres d'en compter les anneaux plus ou moins vite, soit en reculant, soit en avançant ; mais nous ne pouvons la briser, sans nous briser nous-mêmes. Et s'il se présente un nœud, il ne s'agit pas pour avancer plus vite de le couper avec l'épée d'un Alexandre, mais de le dénouer avec la patience et la constance des enfants de la liberté, c'est-à-dire, de la vérité et du bien.

Ces considérations m'amènent à la troisième partie de cette matière. J'ai parlé de la naissance du droit et de ses deux signes principaux, la coutume et la législation. Il existe un troisième signe du droit, la jurisprudence (ou droit scientifique). Le droit a une triple manifestation : dans la conscience nationale, dans le pouvoir national et dans la science des jurisconsultes.

3° De la science du droit.

L'article 4 du code civil (1), adopté par le conseil d'État sur la proposition du consul Cambacérès, fut attaqué par le conseiller Rœderer, qui prétendait qu'il n'appartient pas au juge de rem-

(1) A. 4 C. civ. — « Le juge qui refusera de juger, sous prétexte du silence, de l'obscurité ou de l'insuffisance de la loi, pourra être poursuivi comme coupable de déni de justice. »

plir les lacunes de la législation quand la loi garde un silence absolu. Portalis répondit : « Peu de « causes sont susceptibles d'être décidées d'après « une loi, d'après un texte précis : c'est par les « principes généraux, par la doctrine, par la « science du droit, qu'on a toujours prononcé sur « la plupart des contestations. Le code civil ne « dispense pas de ces connaissances ; au contraire « il les suppose (1). »

On lit dans le discours préliminaire : « Dans « l'état de nos sociétés, il est trop heureux que la « jurisprudence forme une science qui puisse fixer « le talent, flatter l'amour-propre et réveiller « l'émulation. Une classe entière d'hommes se « voue dès lors à cette science, et cette classe, « consacrée à l'étude des lois, offre des conseils « et des défenseurs aux citoyens qui ne pourraient « se diriger et se défendre eux-mêmes, et devient « comme le séminaire de la magistrature. — Il « est trop heureux qu'il y ait des recueils, et une

(1) Voy. Locré, l. c., p. 403 sq.

« tradition suivie d'usages, de maximes et de
« règles, pour que l'on soit, en quelque sorte,
« nécessité à juger aujourd'hui comme on a jugé
« hier, et qu'il n'y ait d'autres variations dans
« les jugements publics, que celles qui sont
« amenées par le progrès des lumières et par la
« force des circonstances. — Il est trop heureux
« que la nécessité où est le juge de s'instruire,
« de faire des recherches, d'approfondir les ques-
« tions qui s'offrent à lui, ne lui permette jamais
« d'oublier que, s'il est des choses qui sont arbi-
« traires à sa raison, il n'en est point qui le soient
« purement à son caprice ou à sa volonté. — En
« Turquie, où la jurisprudence n'est point un art,
« où le *bocha* peut prononcer comme il le veut,
« quand des ordres supérieurs ne le gênent pas,
« on voit les justiciables ne demander et ne rece-
« voir justice qu'avec effroi. Pourquoi n'a-t-on
« pas les mêmes inquiétudes auprès de nos juges?
« c'est qu'ils sont rompus aux affaires, qu'ils ont
« des lumières, des connaissances, et qu'ils se
« croient sans cesse obligés de consulter celles

« des autres. On ne saurait comprendre combien
« cette habitude de science et de raison adoucit et
« règle le pouvoir (1). »

Dans le même discours, on lit plus loin : « Il y
« a une science pour les législateurs, comme il
« y en a une pour les magistrats ; et l'une ne
« ressemble pas à l'autre. La science du législa-
« teur consiste à trouver, dans chaque matière,
« les principes les plus favorables au bien com-
« mun : la science du magistrat est de mettre ces
« principes en action, de les ramifier, de les
« étendre, par une application sage et raisonnée,
« aux hypothèses privées ; d'étudier l'esprit de la
« loi quand la lettre tue, et de ne pas s'exposer
« au risque d'être tour à tour esclave et rebelle,
« et de désobéir par esprit de servitude. — Il faut
« que le législateur veille sur la jurisprudence :
« il peut être éclairé par elle, et il peut, de son
« côté, la corriger ; mais il faut qu'il y en ait
« une. Dans cette immensité d'objets divers qui

(1) Voy. Locré, l. c., p. 260 sq.

« composent les matières civiles, et dont le juge-
« ment, dans le plus grand nombre des cas, est
« moins l'application d'un texte précis, que la
« combinaison de plusieurs textes qui conduisent
« à la décision bien plus qu'ils ne la renferment,
« on ne peut pas plus se passer de jurisprudence
« que de lois. Or, c'est à la jurisprudence que
« nous abandonnons les cas rares et extraordi-
« naires qui ne sauraient entrer dans le plan d'une
« législation raisonnable, les détails trop variables
« et trop contentieux qui ne doivent point occu-
« per le législateur, et tous les objets que l'on
« s'efforcerait inutilement de prévoir, ou qu'une
« prévoyance précipitée ne pourrait définir sans
« danger. C'est à l'expérience à combler succes-
« sivement les vides que nous laissons. Les codes
« des peuples se font avec le temps ; mais à pro-
« prement parler on ne les fait pas (1). »

Enfin dans le discours de M. Portalis, orateur du gouvernement, prononcé dans la séance du

(1) Voy. Locré, l. c., p. 264 sq.

corps législatif du 23 frimaire an X (14 décembre 1801), on lit : « c'est la jurisprudence, c'est-à-dire, « la science du droit, qui fournit tous les maté- « riaux de la législation. — La science embrasse « tout ce qui peut s'offrir à l'esprit. La législation « choisit dans la science tout ce qui peut intéresser « plus directement la société....... Il ne faut pas « tout abandonner à la science. Il ne faut pas « tout régler par des lois. — La science, aban- « donnée à la dispute, n'offre qu'une mer sans « rivage. Les règles, posées par la législation, « font que les rivages ne manquent pas à la mer.. « .... Dans les matières civiles, il faut de deux « choses l'une : ou interdire la puissance de juger, « ou laisser une sorte de latitude aux juges quand « la loi est obscure ou quand elle se tait ; car les « matières civiles sont immenses, et la prévoyance « des lois est limitée. Il est impossible d'avoir « une loi pour chaque cas particulier : il ne faut « pas de loi pour les cas rares et extraordinaires. « La trop grande multiplicité des lois est un grand « vice politique. Les lois doivent être préparées

« lentement et avec maturité ; il faut qu'elles « soient indiquées par l'expérience. Si vous pré- « cipitez les mesures législatives, les lois acca- « bleront la société au lieu de la régler. Il y avait « des juges avant qu'il y eut des lois, et jamais « les lois ne pourront atteindre tous les cas qui se « présentent aux juges ; il faut donc laisser au « pouvoir judiciaire les attributions qui dérivent « de la plus impérieuse de toutes les lois, de « celle de la nécessité (1). »

Qu'est-ce donc que cette science si importante? Les manuels d'Encyclopédie en donnent une notion complète. Je dois néanmoins en toucher quelques mots au point de vue de la philosophie du droit.

La science du droit, c'est la systématisation et le perfectionnement théorique des sources du droit. Elle élabore et prépare des règles pour l'avenir, et alors elle se nomme théorie. Elle applique le droit existant aux cas divers qui se présentent

(1) Voy. Locré, l. c. pp. 461, 462 et 482.

dans l'usage de la vie, et alors elle s'appelle pratique.

Elle recherche et détermine la coutume, expose et commente la législation. En étudiant les principes de la coutume et de la législation, le jurisconsulte, le porteur de la science du droit en tire toutes les conséquences et toutes les applications.

La science du droit coordonne toutes les branches du droit, en fait découvrir par la raison les défauts et les mérites, y introduit par l'analyse l'ordre, la clarté et la précision, et en maintient l'unité par la synthèse.

Toutes les forces vives du droit sont mises au jour par la science. C'est elle qui construit véritablement le corps du droit, le *corpus juris*.

La science du droit passe dans la vie sociale sous deux formes, médiatement et immédiatement. Médiatement, en guidant la conscience nationale ou en inspirant la raison du législateur;

et alors, elle gagne une forme concrète dans la coutume ou dans la législation. La science du droit s'introduit immédiatement dans la vie sociale, en éclairant et inspirant le juge ; et alors elle revêt une forme concrète dans la jurisprudence (*usus fori*).

L'action médiate de la science du droit s'appelle, classiquement, doctrine (*auctoritas prudentum*). On connaît l'importance de cette *auctoritas* à Rome, et l'on sait quelle puissance la législation impériale avait donnée à l'opinion de Papinien, par exemple. (Voy. L. 1, C. th., *de resp. prud.*, I, 4.)

A partir du XIIIe siècle, la Glose d'Accurse jouit d'une autorité absolue devant les tribunaux italiens. Bartole n'obtint pas un moindre succès. En Portugal, son commentaire sur le Code fut mis sur le même rang que le texte et la glose ordinaire. En Espagne, ses opinions eurent force de lois. A l'Université de Padoue, on créa une chaire spéciale sous le titre de *Lectura textus glossae et Bartoli*. Ces faits et d'autres du même genre ont

une origine historique, dont l'explication n'est pas du domaine de ce livre. En principe, comme aujourd'hui en fait, l'*auctoritas prudentum* n'est pas une source concrète du droit ; car, pour qu'il y ait source juridique, il faut un précepte qui s'impose dans l'ordre social, *legis vicem obtinet*. La doctrine des jurisconsultes influe sur le développement du droit, mais comme raison « naturelle », comme opinion très-respectable. Suivant mon habitude, je ferai, à ce sujet, une citation tirée de l'histoire de notre législation civile actuelle : « Un principe n'est pas une disposition.
« — J'en conviens. Mais un principe devient une
« disposition, quand il est sanctionné par la puis-
« sance législative (ou par la coutume). — Avant
« la sanction publique, un principe n'est que le
« résultat d'un ou de plusieurs raisonnements que
« d'autres raisonnements peuvent atténuer ou
« obscurcir. Après la sanction publique, un prin-
« cipe devient un fait positif qui termine tous les
« raisonnements et toutes les incertitudes. — Un
« principe tant qu'il n'appartient qu'à la science,

« n'est qu'une thèse philosophique qui peut être
« controversée; mais quand un principe appartient
« à la législation (ou à la coutume), il devient
« une règle qui doit être obéie. — Les principes,
« dans le sens que l'on attache à ce mot, sont
« indiqués par la raison : les règles sont fixées
« par l'autorité. — Les principes sont appris,
« inspirés ou découverts : les règles sont établies.
« — Le savant, le philosophe, le jurisconsulte,
« enseignent et propagent les principes ; le légis-
« lateur (ou la coutume) seul peut faire les règles ;
« car la raison particulière d'aucun homme ne
« peut dominer celle d'un autre homme. Il n'y a
« que la loi (ou la coutume), raison publique,
« qui peut utilement parler à tous (1). »

L'*action immédiate* de la science du droit dans la vie sociale s'appelle jurisprudence ou *usus fori*. La jurisprudence, c'est le droit en mouvement. Dumoulin a dit : « *leges in scholis deglutiuntur, in palatiis digeruntur*. »

(1) *Discours cité de M. Portalis*, orat. du gouv., pron. dans la séance du 23 frim. an X (14 décembre 1801). Voy. *Locré*, l. c., p. 452.

Une décision judiciaire inattaquable obtient force de loi (*legis vicem obtinet*) vis-à-vis des parties intéressées au litige. Pour toute autre personne, elle n'a que le caractère de doctrine.

Comme il arrive très-fréquemment, les tribunaux jugent, même en cas d'obscurité, de silence ou d'insuffisance de la loi ou de la coutume, des questions de droit proprement dit. Par une longue suite d'arrêts uniformes, cette jurisprudence passe à l'état de coutume juridique et devient source de droit. C'est ce qu'un jurisconsulte romain, Callistrate (lib. I *Quaestionum*) exprimait déjà ainsi : « *nam imperator noster Severus rescripsit, in ambiguitatibus, quae ex legibus proficiscuntur, consuetudinem, aut rerum perpetuo similiter judicaturum auctoritatem, vim legis obtinere debere* (1). »

La jurisprudence est donc une source véritable du droit, mais dans les limites seulement de la coutume et de la législation, auxquelles elle sert de développement naturel et nécessaire.

(1) Voy. *fr.* 38. *Dig., de legibus*, L. I, T. 3.

La science du droit est un élément important du développement du droit. Elle sert à la réalisation du droit dans l'État, autant que la coutume et la législation ; mais elle n'est pas, comme la coutume et la législation, un signe public, national, du droit. Elle n'a pas, comme la coutume et la législation, une existence indépendante, concrète, nationale. Mais, comme elles, elle a une raison supérieure à la volonté générale ou à la volonté individuelle. Le jurisconsulte est le représentant du droit ; et telle est l'origine de la beauté et de la grandeur de sa mission. La plus vénérable des Législations définit ainsi les devoirs des juges : « Vous ne vous laisserez point « emporter à la multitude pour faire le mal : et « dans le jugement, vous ne vous rendrez point à « l'avis du grand nombre, pour vous détourner de « la vérité (1). »

(1) Exode, XXIII, 2.

En résumé , le droit se réalise par la conscience nationale, par la volonté rationnelle du pouvoir national et par la science, qui ont respectivement pour organes, la coutume, la législation et le droit scientifique ou jurisprudence. Dans un sens étendu, les sources du droit sont donc la coutume, la législation et la jurisprudence dans les limites tracées par la coutume et la législation.

Je n'ai pas à m'étendre sur les détails des sources du droit, sur leur formation matérielle, leurs conditions, leurs divisions, etc. Ces détails ont leur place naturelle dans l'Encyclopédie du droit.

Il est une question cependant que je ne puis passer sous silence, à cause de son importance au point de vue de l'origine scientifique du droit. C'est la question de la codification.

4° De la codification.

Commençons par débarrasser la question de toutes les obscurités dont on se plaît souvent à l'entourer. Pour certaines personnes, dès que vous n'êtes pas, sur ce sujet , d'accord , entièrement d'accord avec Bentham ou Napoléon I, vous êtes un retardataire, un ennemi des progrès juridiques. A l'instant, on vous accuse de rêver la ruine du Code civil de 1804.

Je pourrai me borner à dire que je fais ici de la science, de la philosophie du droit. Mais, pour moi, la science n'est rien sans l'application aux progrès de la vie spirituelle. La science pure, sans les faits, est comme l'airain sonore, comme une cymbale retentissante.

Le Code civil est une œuvre qui étonne, quand on considère le milieu d'où il est sorti. Qu'on n'oublie pas, en effet, qu'il fut rédigé, discuté et adopté au milieu des dernières convulsions d'un épouvantable cataclysme social, sept ou huit ans à peine après des orgies révolutionnaires qui n'ont eu leurs pareilles à aucun âge du monde, au sein d'une société où aucun principe de droit n'avait été respecté, ni la propriété, ni la famille, ni la liberté, ni l'autorité. Essayez de sonder l'abîme qui sépare le gouvernement de saint Louis du règne sauvage de la Convention, et vous comprendrez que le Code civil fut véritablement un acte de sagesse, de raison et de justice. « Au lieu de « changer les lois, il est presque toujours plus utile « de présenter aux citoyens de nouveaux motifs de « les aimer », ont dit les rédacteurs du Code dans le Discours préliminaire. Je veux pratiquer ce précepte. Pour donner de nouveaux motifs peut-être d'admirer la législation civile de 1804, je ferai quelques comparaisons.

Max. de Robespierre avait osé s'exprimer ainsi, au sein de l'assemblée constituante : « Quel est le « motif de la faculté de tester ? L'homme peut il « disposer de cette terre qu'il a cultivée, quand il « est lui-même réduit en poussière ? Non, la pro-« priété de l'homme, après sa mort, doit retourner « au domaine public de la société ; ce n'est que « pour l'intérêt public qu'elle transmet ces biens à « la postérité du premier propriétaire : or, l'inté-« rêt public est celui de l'égalité : il faut donc « que, dans tous les cas, l'égalité soit établie dans « les successions. » La Convention transforma cette doctrine matérialiste en loi : elle abolit la faculté de tester, d'une manière absolue, en ligne directe et en ligne collatérale. Après avoir ainsi nié l'immortalité de l'âme, la propriété, la puissance paternelle, en proscrivant l'une de leurs révélations les plus sacrées, la Convention s'enthousiasmait à ces paroles de Cambacérès, de ce même Cambacérès qui, par une heureuse inconséquence, devint un des ouvriers principaux de la législation de 1804 et, plus tard, duc et archichancelier de l'empire : « Peut-il y avoir deux sortes « de paternité? l'intérêt des collatéraux doit-il « surtout prévaloir sur les droits du sang? Cet « intérêt peut-il être de quelque considération là « où l'égalité est devenue une des bases du gou- « vernement? » En vertu de l'égalité proclamée par l'assemblée constituante comme base du gouvernement, la Convention accorda aux enfants naturels les mêmes droits successoraux qu'aux enfants légitimes. C'était mettre le vice sur le même rang que la vertu ; c'était égaliser dans leurs effets la débauche et la pureté matrimoniale. « Considé- « rant, dit l'assemblée législative, combien il

« importe de faire jouir les Français de la faculté « du divorce, qui résulte de la liberté individuelle, « dont un engagement indissoluble serait la « perte... » Et l'assemblée admet non-seulement le divorce par consentement mutuel, mais encore le divorce réclamé par un seul des époux pour incompatibilité d'humeur. Elle mettait ainsi le mariage, considéré même comme contrat exclusivement civil, bien au-dessous d'un contrat de louage ou d'un contrat d'échange. Un orateur de la Convention s'écria un jour, pour couronner ces hideux caprices législatifs : « Quoi, les trônes sont « renversés, les sceptres brisés, les rois expirent, « et les autels des Dieux restent debout encore ! « Croyez-vous, législateurs, fonder et consolider « la république française avec des autels autres « que ceux de la patrie, avec des emblêmes ou « des signes religieux autres que ceux de la « patrie ! La nature et la raison, voilà les dieux « de l'homme, voilà mes dieux ! Je l'avouerai « franchement à la Convention : je suis athée (1). »

(1) Voy. ALBERT DU BOYS, *Des principes de la Révol. franç.*

Comparez à ces sauvages et frénétiques accents le ton calme et mesuré des rédacteurs du Code et vous comprendrez combien sont vraies ces paroles aristotéliciennes de l'exposé général du Code : « L'esprit de modération est le véritable « esprit du législateur et le bien politique comme « le bien moral se trouve entre deux limites (1). »

Le Code civil fut une œuvre de réparation, de restauration et de modération. Sa confection était réclamée impérieusement par les circonstances politiques du temps et commandée par une véritable nécessité juridique (2). Relativement, tel qu'il

considérés comme principes générateurs du Socialisme et du Communisme. 1855. — Cp. un article sur cet ouvrage, par M. Frédéric Taulier, prof. à la faculté de droit de Grenoble. *Revue critique de Législ. et de Jurispr.*, an. 1855, T. VI, p. 374 sq. sq.

(1) Voy. Locré, l. c. p. 327.

(2) Sur la trop grande diversité des lois provinciales, César disait déjà : « hi omnes lingua institutis, legibus, inter se differunt. » — L'évêque de Lyon, Agobard, après avoir parlé de la « personnalité des droits », ajoute : « Atque utinam placeret omnipotenti Deo ut sub uno piissimo rege una omnes regeruntur lege, ea ipsa (sc. Lege Francorum, Lege Ripuar. Voy. Chart. Div. Lud. P. a. 817, c. 16, Pertz, I, 199) que et ipse vivit et

est sorti des délibérations du conseil d'État et des assemblées législatives de l'époque du Consulat, ce Code est en général une œuvre scientifiquement bonne. Sans doute, il a ses mérites et ses défauts comme toute œuvre humaine. On peut le corriger suivant les nécessités des temps ; mais le détruire serait un acte déraisonnable. Après la chute de l'empire, quelques esprits légers et inconséquents proposèrent d'en revenir purement et simplement au droit antérieur à la révolution française : le gouvernement de la Restauration fut plus sage, il accepta la législation de 1804. Agir autrement c'eut été accomplir une nouvelle révolution juridique; car, abstraction faite des grands mérites et des nombreux avantages du Code dont on se serait bénévolement privé, c'eut été bouleverser de nouveau tout l'édifice juridique, à peine rétabli sur ses bases. Aujourd'hui même, quelques théoriciens, qu'on peut appeler, suivant une expression de M. de Savigny, les dilettanti de la jurisprudence,

proximi ejus respondent. » *Epist. Agobardi episc. Lugd. ad Ludov. P.* (Bouquet, script., VI, 356).

proposent de renverser le grand travail du Consulat et de le recommencer à neuf, comme si les lois d'une nation étaient une cire molle qu'on peut façonner à son aise, au fond d'un cabinet d'études, trois ou quatre fois par siècle.

Ainsi donc, il est bien entendu que, suivant nos principes, non-seulement nous ne sommes pas les adversaires du Code de 1804, mais nous en sommes aussi les défenseurs raisonnables.

Ces considérations n'étaient pas inutiles. Elles débarrassent la question d'une objection vulgaire, qui est devenue un lieu commun pour les esprits superficiels.

Écartons encore une autre obscurité. Ordinairement ceux qui traitent de la question de la codification mettent absolument sur la même ligne et l'annotation mosaïque, et les compilations de Justinien, et le recueil canonique de Grégoire IX, et les projets de Bacon, et les propositions de Brisson à Henri III, et celles de Viglius à Charle-quint, et les théories de Bentham, et les plans personnels de Napoléon I. Cette confusion de choses et d'idées radicalement différentes accumule des difficultés fort inutiles. Pour mieux faire comprendre cette pensée, je vais citer des exemples.

Bacon s'exprime ainsi : « En formant le nou-
« veau *Digeste*, il ne faut pas supprimer tout-à-
« fait les anciens livres et les condamner à un
« oubli total, mais les laisser subsister dans les
« bibliothèques seulement, sans permettre au
« grand nombre et à toutes sortes de personnes
« d'en faire usage. En effet, dans les causes les
« plus graves, il ne sera pas inutile de considérer
« les changements et l'enchaînement des an-
« ciennes lois, et d'y donner un coup d'œil. On ne
« peut disconvenir que ce vernis d'antiquité, dont
« on couvre les institutions nouvelles, leur donne
« je ne sais quoi d'auguste et d'imposant. Or, ce
« nouveau corps de lois, c'est à ceux qui dans
« chaque gouvernement sont revêtus du pouvoir
« législatif qu'il appartient de le consolider, de
« peur que, sous prétexte de digérer les anciennes
« lois, on n'impose imperceptiblement des lois
« nouvelles (1). »

(1) *De la dignité et de l'accroissement des sciences*, Liv.

On lit dans les lettres de privilége, qui précèdent le projet de Brisson, connu sous le nom de *Basiliques* et *Code Henry* : « Au moyen de quoy « aurions dès lors adviser de commettre certains « personnages pour recueillir et arrester les dictes « ordonnances, et réduire par bon ordre, en un « volume, celles qui se trouveraient utiles et « nécessaires ; et suyvant ce continuant au dict « soin et solicitude qu'avons de faire vivre nos « subjets en asseurée et certaine paix et repos « soubs l'authorité de nos édicts et ordonnances, « et en retrancher la multitude d'iceux, et oster « la confusion qui y est, estant reduicte à bon et « certain ordre, pour l'asseurance qu'avons eue « de la doctrine et intelligence es bonne loix, et « l'expérience qu'avons de la fidélité envers nous, « suffisance probité, bon et indéfatiguable zèle « envers le public, de nostre amé et féal conseiller

VIII. Exemple d'un traité sommaire sur la justice universelle et sur les sources du droit, rédigé sous un seul titre et par aphorismes. Voy. Aph. 63 (p. 492, T. I, trad. de M. Riaux. éd. Charpentier, 1852).

« en nos conseils d'Estat privé, messire Barnabé
« Brisson, président en nostre court de parlement
« à Paris, nous luy aurions commis et député ce
« grand labeur et charge.... (1) »

« J'aurais voulu, disait Napoléon, partir d'un
« point arrêté, suivre une route unique, connue
« de tous, n'avoir d'autres lois que celles inscrites
« dans le seul Code, et proclamer une fois pour
« toutes nul et non avenu tout ce qui ne s'y trouve-
« rait pas compris. » Dans ses dictées à Sainte-Hélène, il ajouta : « Les lois qui sont en théorie le
« type de la clarté ne deviennent que trop souvent
« un vrai chaos dans l'application..... J'avais
« d'abord rêvé qu'il serait possible de réduire les
« lois à de simples démonstrations de géométrie,
« si bien que quiconque aurait su lire et eut pu
« lier deux idées eut été capable de prononcer ;
« mais je me suis convaincu presque aussitôt que
« c'était une idéalité absurde. »

Ces simples citations prouvent à l'évidence que

(1) Voy. *Revue crit. de Législ.*, *art.* de M. J. Minier, le *Code Henri III de Barnabé Brisson*, p. 313, T. VI, an. 1855.

Bacon, Brisson et Napoléon n'entendaient pas du tout la même chose. Leurs plans et les noms qu'ils donnent à leurs plans diffèrent profondément. Pour Bacon, il s'agit d'un Digeste de lois ; pour Brisson, de Basiliques ; pour Napoléon, d'une Codification radicale. Bacon et Brisson songèrent au perfectionnement du droit existant ; Napoléon à une transformation absolue du droit sur des bases purement spéculatives.

Dans la controverse qui porte le nom de codification, distinguons donc ce qui est foncièrement différent.

Je traiterai d'abord des livres de lois auxquels on a donné le nom de Codes, puis de ceux qu'on pourrait appeler Recueils analytiques et Annotations synthétiques.

Par Codification, on entend la confection de livres ou tablettes de lois (codex), qui contiennent l'ensemble des sources juridiques, soit d'une partie déterminée du droit, comme par exemple le Code pénal de 1810, soit de la totalité du droit national, comme par exemple le Droit territorial général de la Prusse (*Preuziches allgemeines Landrecht*).

La codification, ainsi entendue, c'est la législation poussée jusqu'à ses dernières limites. Par elle, la législation devient le signe unique du droit, et tout l'établissement juridique d'une nation acquiert un caractère radicalement nouveau.

Originellement, et chez tous les peuples de la terre , le droit repose sur la coutume. La coutume est alors l'unique signe du droit. Plus tard viennent s'y joindre des lois plus ou moins étendues quant à leur objet. Ces lois, nées à des époques différentes et empiétant successivement sur le domaine exclusif de la coutume qu'elles modifient, existent, en quelque sorte, indépendantes les unes des autres.

Avec la Codification, au contraire, tout l'établissement juridique d'une nation repose sur le livre des lois. Ce livre porte tout l'édifice juridique et l'embrasse dans toute son étendue. La Coutume devient une simple exception au Code. Les lois antérieures sont abrogées ou demeurent de simples exceptions au Code. Les lois postérieures sont considérées comme des modifications au Code ou, pour employer un terme romain, des Novelles. Lorsque ces lois postérieures se sont accumulées, les partisans de la Codification quand même se croient obligés de réclamer une codification nouvelle.

Ainsi donc, par la Codification, la totalité de l'édifice juridique d'une nation est transportée, contre le cours naturel des choses, de la base coutumière sur une base exclusivement législative, et repose, non plus sur l'action formatrice et séculaire de la nature des choses et le mouvement spontané, libre et successif de la conscience nationale, mais sur une œuvre actuelle et réfléchie des hommes ou plutôt d'un ou de plusieurs législateurs. Cette importante transformation de la génération et de l'existence du droit amène de grands avantages, au point de vue matériel de la jurisprudence (uniformité, unité, simplicité de la forme); mais elle produit de grands désavantages au point de vue spirituel de la science du droit. Par suite des limites naturelles de la réflexion et de la prévoyance du législateur, même le plus habile, il restera toujours un défaut de rapport, une disconvenance plus ou moins importante entre le Code entièrement nouveau et la vie réelle de la nation et ses besoins multiples jusqu'à l'infini. D'un autre côté, la continuité, l'unité historique de l'établissement juridique est brisée : l'édifice juridique est coupé en deux, droit d'avant le code, droit depuis le code. L'établissement juridique perd son caractère de nécessité. On sanctionne , pour ainsi dire officiellement, le préjugé dangereux, que, le droit dépend du choix et du caprice du législateur.

En principe, la Codification est pour la manifestation du droit une forme contraire à la marche variable, libre, successive et progressive des institutions humaines et peu conciliable avec la spontanéité et la mobilité naturelle de la vie nationale. Aussi, remarquez-le, les Codes, dans le sens radical dont nous parlons ici, ont presque toujours été l'œuvre de pouvoirs qui tenaient peu ou point compte de la spontanéité et de la liberté de la nation dans sa variété.

Toutefois, évitons de formuler des principes absolus dans les choses qui ne sont susceptibles que d'une bonté relative. Il serait déraisonnable de soutenir l'inadmissibilité absolue de toute espèce de code, dans n'importe quelle situation. De tels livres peuvent être rédigés exceptionnellement après une révolution profonde qui a changé le cours séculaire du développement de la vie nationale, après des perturbations dans les rapports traditionnels de la vie morale, religieuse et civile, telles que l'histoire nous en offre des exemples à diverses époques critiques et décisives. De tels livres peuvent aussi être réalisés, quand les changements opérés dans la vie morale et civile de la nation ont été depuis longtemps passés sous silence par le droit existant et quand les modifications multiples et imprévòyantes de la législation ont produit un désordre réel et non apparent dans l'économie actuelle du droit. C'est à cet état de choses que fait allusion Bacon : « Que si les « lois, à force de s'entasser les unes sur les autres, « ont acquis un volume si énorme, et sont tombées

« dans une si grande confusion qu'il soit néces-
« saire de les remanier en entier, et de les réor-
« ganiser, pour n'en former qu'un seul corps plus
« sain et plus agile, c'est de ce travail qu'avant
« tout il faut s'occuper ; une telle œuvre tenez-la
« pour une entreprise vraiment héroïque, et croyez
« que ceux qui l'exécutent méritent de tenir place
« parmi les législateurs ou les réformateurs (1). »

Les Codes sont propres surtout au règlement des rapports sociaux, qui ont un but moins profondément moral et qui réclament plus particulièrement l'uniformité dans toute l'étendue d'un état; par ex., le droit commercial. En outre, leur perfection, leur avantage et leur opportunité dépendent grandement de la pénétration historique et scientifique de l'époque où ils sont rédigés et de l'existence d'un homme d'élite capable de surmonter toutes les difficultés d'une entreprise aussi vaste. « Cette restauration des lois, dit Bacon
« (aph. 64), il serait à souhaiter qu'on la fit dans

(1) *De l'accroiss. des sc.*, Aph. 59.

« des temps qui, pour les lumières et les connais-
« sances, l'emportassent sur les temps plus an-
« ciens, dont on remanie les actes et le travail ;
« et malheureusement, dans cette refonte de Jus-
« tinien, le contraire est arrivé. Car quoi de plus
« malheureux que de s'en rapporter au discerne-
« ment et au choix de siècles moins sages et
« moins savants, pour mutiler l'œuvre des anciens
« et la recomposer ! Cependant trop souvent ce qui
« n'est rien moins que le meilleur ne laisse pas
« d'être nécessaire. » C'est aussi ce qu'ont re-
connu les rédacteurs du Code civil de 1804 : « Au
« lieu de changer les lois, disent-ils dans le Dis-
« cours préliminaire (1), il est presque toujours plus
« utile de présenter aux citoyens de nouveaux
« motifs de les aimer ; que l'histoire nous offre à
« peine la promulgation de deux ou trois bonnes
« lois dans l'espace de plusieurs siècles ;... il
« n'appartient de proposer des changements,
« qu'à ceux qui sont assez heureusement nés pour

(1) Locré, l. c., p. 255.

« pénétrer, d'un coup de génie, et par une sorte « d'illumination soudaine, toute la constitution « d'un état. » Ces pensées sont exprimées avec plus de force encore dans l'Exposé général du Code (1) : « Les théories nouvelles ne sont que « les systèmes de quelques individus ; les maximes « anciennes sont l'esprit des siècles. — Sans doute, « le génie peut, en communiquant par la pensée « avec le bonheur des hommes, découvrir des rap- « ports inconnus jusqu'à lui ; mais le temps seul « peut assurer aux productions du génie des hom- « mages et des partisans, parce que le temps seul « habitue les hommes à la conception des vérités « qui étendent ou multiplient nos rapports. Le « législateur, qui ne peut sans danger franchir « subitement d'aussi grands intervalles, doit de- « meurer dans les limites que la tradition des « lumières a déterminées, jusqu'à ce que les évé- « nements et les choses l'avertissent qu'il peut, « sans commotion et sans secousse, marcher dans

(1) Voy. Locré, l. c., p. 326.

« la carrière qui lui avait été ouverte par le
« génie. »

De tout ceci, il résulte que le premier pas d'une nation pour sortir de la forme historique de l'établissement juridique et marcher dans la voie théorique de la codification, est soumis à des chances diverses et qu'il ne faut entreprendre une œuvre aussi immense que lorsque la nécessité en fait un devoir national.

Mais, là même où les codes paraissent avantageux et nécessaires, ils doivent, autant que possible, maintenir la continuité, l'unité historique de l'établissement juridique.

C'est pourquoi le législateur réformateur ne doit pas sans mûre réflexion et surtout sans nécessité changer la structure existante du droit. Un changement total dans la forme du droit n'a pas plus de motif qu'un changement total dans la vie nationale. Rien, dans la création, ne se transforme du tout au tout. Métaphysiquement parlant, l'être ne se déploie que successivement. Dans la société, pas plus que dans la nature, *non datur saltus*.

Quand on veut perfectionner un arbre fruitier, on le taille avec soin, on l'habille, on donne des directions nouvelles aux branches mères et aux branches sous-mères; on peut même, par des moyens scientifiques, provoquer l'amélioration de ses racines. Mais on ne va pas, de gaieté de cœur, arracher un arbre, qui est fécond en fruits et ne réclame que des soins accessoires, pour le remplacer par un arbre nouveau, un jeune arbre, dont l'avenir est incertain. Le droit n'est pas une institution arbitraire: c'est une végétation naturelle qui a ses racines dans les entrailles de la nation. Il est permis de le réformer quand le besoin public l'exige, de le perfectionner, de lui ouvrir des voies plus larges, de donner à son activité des directions toujours nouvelles; on peut même travailler scientifiquement et méthodiquement à étendre et à rendre plus vigoureuses ses racines fondamentales. Mais on ne détruit pas jusqu'à la base un édifice dont le temps seul peut durcir le ciment et consacrer la solidité.

Ce que je dis ici des Codes est vrai aussi pour

les lois spéciales. Par une structure radicalement nouvelle, tout l'établissement traditionnel est renversé ; en effet, même ce qui reste en apparence est réellement changé, parce qu'une nouvelle fonction lui est ménagée dans le nouvel édifice. Ce qui reste ressemble à ces vieux matériaux d'un édifice démoli, débris que l'on a utilisés dans la maison bâtie sur l'emplacement de la première : ils choquent l'œil, blessent le goût et parfois même menacent la solidité du mur dans lequel on les a enchâssés. D'ailleurs le changement total du droit n'est pas dans l'intention véritable du législateur. Quelle est en effet la raison de la légitimité de la Codification, dans une circonstance donnée ? C'est l'amélioration dans ses détails du droit existant, c'est-à-dire, le rejet de ce qui est défectueux, la conservation de ce qui est bon et la recherche de ce qui manque réellement. On ne peut améliorer que ce qui est. Or, il ne faut pas l'oublier, le droit n'est pas une création de l'arbitraire, du caprice, de la fantaisie : il *est*. Nécessaire, positif, concret, le droit a une existence actuelle. Un changement total dans la structure du droit conduit au désordre, parce que le rapport du nouveau à l'ancien ne se laisse plus mesurer avec exactitude. Il empêche d'utiliser des expériences antérieures, parce qu'il change précisément les conditions dans lesquelles ces expériences avaient été faites. La législation nouvelle est ainsi soumise à une série nouvelle d'expériences séculaires. On gaspille le temps qui aurait pu être employé à introduire des progrès durables.

On ne peut citer comme exemple la législation codifiée, issue du mouvement de la révolution française ; car il faut lui assigner une place exceptionnelle. Cette codification n'a été possible qu'au prix d'une perturbation sociale sans exemple. La France jouit actuellement des nombreux bienfaits que la sagesse du gouvernement consulaire a su lui préparer. Mais songez aux circonstances qui ont préparé la possibilité de cette action du gouvernement consulaire, aux torrents de sang innocent qui a coulé, à la ruine de mille et mille familles, aux crimes horribles qui ont aplani la voie à l'énergique prudence du Consulat. Le consul Bonaparte était pur de toutes ces horreurs, mais soyez certain que, si avant leur perpétration, on lui avait donné le choix, ou de les éviter ou de renoncer à la réalisation de l'œuvre de 1804, soyez certain qu'il aurait préféré éviter l'épouvantable bouleversement accompli par le règne de la Convention. Prenons donc un autre exemple. La codification de Justinien n'est pas conçue dans le sens radical qu'admettent beaucoup de juristes de notre temps. C'est plutôt une compilation méthodique, un recueil analytique. Dans la *Constitutio de transform. usucap.* et dans la Novelle CXV, Justinien a sagement et utilement changé les prescriptions de l'ancien droit; mais sans le vouloir et sans même le savoir, il a changé en même temps les notions d'usucapion, de prescription, de nullité, etc. Il les a même confondues et a amené ainsi dans le droit nouveau un désordre funeste. Comment n'en serait-il pas ainsi quand on rédige des Codes entiers? Dans la transition d'un état de droit à un autre, il faut, comme on dit, délier le nœud et ne pas le couper. Il importe de conserver la structure du droit, c'est-à-dire, de maintenir les notions existantes du droit, tout en en changeant les applications.

En second lieu, le législateur, là même où il donne une forme nouvelle et systématique à l'établissement juridique, ne peut annuler en principe tout le droit antérieur ; il doit laisser en vigueur toutes les parties qui n'ont pas été médiatement ou immédiatement abolies. Remarquez qu'il s'agit ici non d'une valeur simplement subsidiaire, mais d'une valeur immanente, telle qu'elle repose dans la continuité de l'établissement juridique et l'unité historique du droit national. Par la continuité de l'établissement juridique, par l'applicabilité immanente des normes juridiques non abolies, le droit existant trouve son application non seulement aux objets sur lesquels la législation nouvelle se tait, mais encore à ceux pour lesquels la législation nouvelle parle : dans ce dernier cas, l'ancien droit sert à la législation nouvelle de racine, d'explication et de commentaire pour l'interprétation

Abolir totalement le droit existant jusque dans ses derniers fondements, afin que ce qui se trouve dans le nouveau Code soit seul et exclusivement en vigueur ; exécuter le plan de Napoléon qui voulait « n'avoir d'autres lois que celles inscrites dans le « seul Code et proclamer une fois pour toutes nul « et non avenu tout ce qui ne s'y trouverait pas « compris ; » est une entreprise vaine et même impossible, dans le genre de la langue universelle de Leibniz. On parviendra ainsi, comme le désirait le même Napoléon, à « réduire les lois à de simples « démonstrations de géométrie », au moins dans la forme ; mais autre chose est la géométrie, autre chose est le droit. L'abolition totale du droit existant, réalisée par une législation codifiée nouvelle, conduit l'établissement juridique à la défectuosité matérielle : aucun législateur humain n'est en effet capable d'épuiser tous les cas innombrables que présentent les évolutions intarissables de la vie nationale. Une telle réformation radicale fait abstraction de la conscience nationale dans la formation du droit et annihile l'unité du droit national.

Quand on maintient en vigueur, d'une manière immanente, l'établissement juridique existant, le droit descend des origines nationales , en se complétant et en se perfectionnant, comme un fleuve descend de sa source, en se grossissant et en s'élargissant. S'il m'était permis de me servir d'une autre comparaison, je dirais le droit croît comme le roi de nos forêts : de nouvelles branches surgissent périodiquement à côté des branches mortes tombées d'elles-mêmes ou coupées par la hache intelligente du forestier ; les ramifications se multiplient et s'étendent ; le tronc s'allonge à la tête et s'élargit à la base. Un jour vient où la noble végétation brave impunément les tempêtes et la foudre ; un ou plusieurs rameaux peuvent être brisés, mais l'arbre résiste. Les générations se succèdent, mais l'arbre demeure. Chaque année il se couvre de nouvelles branches, de nouvelles feuilles, de nouveaux glands ; mais il continue avec majesté son existence séculaire.

Mais si vous coupez le droit en deux, si vous proclamez comme nul et non avenu tout ce qui ne se trouve pas compris dans la législation nouvelle, toute l'activité juridique de la société, au lieu de reposer sur le fond séculaire de la vie nationale et sur la moyenne des opinions des diverses générations qui se sont succédées sur le sol national, reposera sur la manière de voir accidentelle d'une époque déterminée et sur les opinions et quelquefois même sur les préjugés d'un individu déterminé ou d'une assemblée déterminée qui était alors législateur. Si toutes les générations raisonnent ainsi, le droit se renouvellera radicalement à chaque génération, et à la fin il s'épuisera. J'ai cité plusieurs fois l'idée radicale et erronée que Napoléon se faisait de la Codification. Voici une nouvelle preuve de ce que je viens de dire. Revenu de ses premières illusions, Napoléon dit un jour, en parlant des Codes : « Il « faudra les refaire dans trente ans ! » A l'apparition du premier commentaire de Maleville, il s'écria : « Mon Code est perdu ! » Telles sont les chimères des despotes.

Enfin, l'abolition fondamentale du droit antérieur à la nouvelle législation codifiée rend inutiles toutes les précédentes études juridiques et conduit nécessairement à considérer comme vains et non avenus la plupart des résultats obtenus jusqu'alors par la science, les investigations et l'expérience des jurisconsultes qui avaient commenté l'ancien droit. Cette conséquence extrême est funeste surtout, quand il s'agit d'une nouvelle codification des matières civiles , car les plus hautes spéculations pour le droit civil ont précisément leur racine dans le droit commun classique.

En résumé, plus les codes laissent de valeur immanente au droit existant , au droit historique, moins ils tombent dans les défauts et les dangers des codifications radicales et contraires à la nature des choses, et plus ils se rapprochent des caractères des lois ordinaires et proprement dites. La possibilité, les avantages et le degré de cette proportion dépendent des circonstances qui ont occasionné la nécessité de la codification.

Ces considérations sont résumées d'une manière

excellente dans le 62e aphor. de Bacon : « Dans
« la régénération et la réorganisation de cette
« sorte de lois et des anciens livres, conservez
« religieusement les paroles et le texte même de
« la loi, fût-il nécessaire pour cela de les trans-
« crire par centons et par petites portions ; puis
« mettez-les en ordre et formez-en un tissu. Car
« peut-être serait-il plus aisé, et même (à envi-
« sager les principes de la droite raison) peut-
« être vaudrait-il mieux composer un texte tout
« neuf, que de coudre ainsi ensemble tous ces
« morceaux. Cependant, en fait de lois, c'est
« moins au style et à l'expression qu'il faut regar-
« der qu'à l'autorité, et à l'antiquité qui est comme
« son patron ; sans quoi un pareil ouvrage aura
« je ne sais quoi de scolastique ; il aura plutôt
« l'air d'une méthode que d'un corps de lois inti-
« mant des ordres. »

Aujourd'hui les partisans exagérés de la codification quand même , *per fas et nefas* , raisonnent tout autrement. Ils considèrent la codification comme la forme normale de l'expression juridique, comme le mode le plus parfait de l'établissement juridique. Ils ont la prétention de l'employer, même sans nécessité, simplement par amour pour cette forme législative. Comme si le droit tout entier était l'œuvre exclusive de l'abstraction humaine depuis son principe jusqu'à sa fin, comme si le présent séparé du passé existait par lui seul! « C'est ainsi que par une destinée fatale, dit Filan-« gieri dans sa science de la Législation, la marche « de la législation est comme celle d'un homme qui « court toujours devant lui sans regarder un seul « instant en arrière. Telle est la cause de cette « immense multitude de lois qui accablent tous les « tribunaux de l'Europe. » Les juristes, auxquels je fais allusion, ne reconnaissent pas le droit existant comme réellement obligatoire au moment de la codification qu'ils rêvent; ils mettent en question, sans nécessité pratique, l'ensemble de ses prescriptions, en se disant qu'il y en a peut-être de meilleures. Ils ruinent l'autorité du droit, lui ôtent sa valeur immanente et annulent tout ce qui ne se trouverait pas dans le code qu'ils projettent. Au lieu de proposer d'introduire dans l'établissement juridique un nouveau degré de clarté et de perfection, de le réformer dans les parties qui réclament réellement un changement, ils conseillent de l'abolir totalement pour le recommencer sur un nouveau plan. En partant de l'idée que le droit tout entier doit être basé à priori sur le nouveau code, ils y renvoient purement et simplement la nation et les juristes. De sorte que l'existence du droit date en quelque sorte du code nouveau. Abstraction faite des conséquences funestes que j'ai précisées tantôt, ces théories abstraites dans une matière éminemment concrète conduisent à l'abaissement du caractère auguste et vénérable du droit. Le droit n'est plus alors une puissance basée sur la nature des choses, traversant l'histoire sur l'aile des actes coutumiers ou législatifs, mais il est en totalité le produit exclusif de l'œuvre législative actuelle, de la législation du jour, et l'instrument de doctrines conçues à priori.

Ce qui distingue, à mon avis, ces juristes, c'est

un mépris, sans doute non prémédité, mais profond, de la masse de la nation. Ils disent qu'ils veulent l'initiation de plus en plus claire des masses aux difficultés et aux nuances délicates inséparables de tout établissement juridique chez une nation policée ; et, en ce disant, ils sont de très-bonne foi, je veux l'admettre. Mais ils se trompent. La masse de la nation ne connaîtra jamais les Codes même les plus simples. Les rédacteurs de la législation de 1804 l'ont avoué dans un passage que j'ai cité déjà (1). La forme la plus démocratique du droit, c'était la coutume, écrite « ès-cœur » des citoyens. La masse du peuple connaissait la coutume ; mais elle se perd dans le dédale des lois, devenues trop savantes pour lui. Ce qu'ils veulent en fait, ces juristes réformateurs, c'est contraindre tout le monde à se soumettre à leur système personnel, et comme cela n'est possible que par le législateur, ils poussent celui-ci à réaliser leurs plans. C'était le procédé de Frédéric II de Prusse, et celui de Napoléon Ier.

(1) Voy. *Locré*, 1 c., p. 260.

Il me reste à parler des autres livres de lois.

Le *Recueil analytique* est une forme de livre juridique moins radicale que la codification, dont je viens d'exposer les défauts et les dangers. L'histoire du droit nous en offre plusieurs exemples : le Code de Justinien, les Décrétales de Grégoire IX, etc.

Dans les recueils analytiques, les lois antérieures sont méthodiquement groupées, tout en conservant leur forme et leur autorité originelles. Leurs auteurs ne partent pas du faux point de vue que le droit doit être sanctionné seulement d'aujourd'hui : ils n'ont la prétention ni d'épuiser systématiquement tout le domaine du droit, ni d'en soumettre chaque prescription aux règles d'un système dogmatique conçu à priori.

La confection publique et officielle de ces sortes de recueils manque cependant de principe logiquement nécessaire et de motif vraiment scientifique. Elle n'a pour but que de faciliter l'étude des lois et d'en rendre la lecture plus commode. Ce but est très-louable, sans doute ; mais il est plutôt du ressort de la pratique que du domaine du pouvoir social. Le pouvoir social peut avantageusement laisser un tel soin à la liberté des hommes d'étude et de pratique, qui s'en acquitteront beaucoup mieux.

L'annotation synthétique du droit existant, même avec des réformes plus ou moins considérables, est publiée comme loi nouvelle et actuellement sanctionnée : Ce caractère la distingue du Recueil analytique. Mais elle n'est pas considérée comme un système de lois clos et achevé, ni surtout comme épuisant tout le domaine du droit : c'est ce qui la sépare de la codification dans le sens moderne et radical du mot.

Elle maintient l'unité et la continuité historiques du système du droit national. Ses prescriptions portent sur toute la sphère du droit, sans avoir la prétention de la couvrir totalement, et conservent toutes les anciennes normes juridiques qu'elles n'ont pas textuellement couvertes.

Les exemples de cette espèce de livres de lois sont assez nombreux. Je citerai spécialement la *Loi des XII Tables*, la *Législation civile de Moïse* et les *anciennes* LEGES *germaniques*. En général, notre code civil actuel, tel que nous l'entendons aujourd'hui, a aussi ce caractère.

L'annotation synthétique, pour le droit privé surtout, est un véritable Digeste perpétuel. C'est le mode de codification qui convient peut-être le mieux à notre siècle.

CHAPITRE V.

DE LA NATIONALITÉ DU DROIT.

Si, contre la raison et les faits, on se borne à considérer le droit comme la règle publique, mais arbitraire et actuelle, d'une agrégation quelconque d'hommes, sans traditions historiques, il sera le produit direct et actuel de la réflexion et de l'invention des individus qui composent aujourd'hui cette agrégation. Le droit n'aura rien de personnel, de traditionnel, de national, dans le sens vulgaire du mot.

Toutefois, le droit inventé (pour autant que l'on invente le droit) par cette agrégation aura un caractère particulier, qui le distinguera de tout autre droit inventé par une autre agrégation analogue. Ceci est évident, à moins de supposer que toutes les agrégations soient amenées par leur raison collective à des résultats absolument identiques : ce qui est peu probable et même impossible, en vertu de la variété naturelle des opinions.

Hâtons-nous de le reconnaître, cette réunion accidentelle d'hommes sous forme de nation est une pure hypothèse, démentie par six mille ans d'expérience. Dans les temps modernes, il est vrai, nous avons assisté à la fondation d'États nouveaux, dans les colonies Espagnoles, dans la Nouvelle Angleterre, en Australie, dans l'État de Liberia Monroé etc. Mais comment ces États se sont-ils formés ? Conformément à la loi universelle de la nature et de l'être, peu à peu, lentement, insensiblement, successivement. A côté de la barbarie et des mœurs sauvages des indigènes, quelques colons Européens ont apporté sur un sol nouveau les usages, les coutumes, les mœurs, les idées et même les préjugés de la mère patrie. Les créoles, les métis, les nouveaux colons et leurs descendants ont travaillé sur l'ancien fond national européen, en tenant compte des nouvelles circonstances dans lesquelles l'agrégation s'est trouvée placée. De là pour chaque colonie un caractère spécial, qui, avec la fondation de l'État indépendant, est devenu caractère national. Le droit de cet État a dû subir l'empreinte de ce caractère spécial, parce que le droit en général est, de sa nature, l'expression de l'ordre social.

On peut citer quelques exemples de sociétés, formées sous l'empire d'un système à priori : l'essai d'Owen, la Nouvelle Icarie de M. Cabet, le territoire de Deseret des Mormons, etc. Mais toutes ces tentatives ont échoué. Tous les essais nouveaux éprouveront le même sort. Pourquoi ? Parce que l'homme, qui tient à l'absolu par son âme, est lié à la nature par son corps. L'homme n'est pas une *tabula rasa* ou une cire molle, qu'on pétrit à volonté. Tous les hommes doivent subir les lois successives de l'espace et du temps, dans lesquels ils vivent.

Il n'y a que les despotes qui puissent rever un

droit entièrement concu d'après les déductions de la raison, abstraction faite des circonstances de temps et de lieux. Il n'y a que des parasites, des hommes dépourvus de spontanéité et de caractère original et libre, qui puissent être pliés à de pareils systèmes préconçus. Chaque homme, digne de ce nom, ayant une personnalité, considère la vérité sous une autre face. Tous les individus, dont une nation se compose, ne peuvent être amenés à une radicale uniformité de vues que par un acte de puissance, c'est-à-dire, de force, et par une abdication de la raison individuelle. Pour concilier l'unité de l'agrégation nationale avec la variété des personnalités, comme il faut nécessairement le faire, quelle conduite y a-t-il à tenir? Il faut maintenir les idées communes, en travaillant successivement à leur amélioration et ramener peu à peu à l'unité les idées divergentes. Cette œuvre, le temps seul peut l'accomplir, sans outrager la liberté individuelle et sans troubler la sécurité générale.

Une agrégation quelconque d'hommes, si elle veut continuer à vivre sous forme de société, tracera les fondements, les premiers linéaments de son droit sur le plan divin, c'est-à-dire, nécessaire de la société humaine. Dans les limites, établies par le plan de la création elle-même, cette agrégation d'hommes agira librement , suivant ses goûts, ses aspirations, ses désirs, ses sentiments et son intelligence, pourvu qu'elle tende au bien. Cette manifestation de la liberté de l'agrégation nationale, dans les limites du bien et des éléments nécessaires du droit , est aussi physiquement bornée. En effet, la nation ne peut changer le climat, la situation, la constitution géologique, etc., de son territoire. De là encore une variété nécessaire et multiple des formes juridiques chez les différents peuples.

L'uniformité absolue du droit, dans le monde terrestre, est donc contraire à la nature des choses. Elle est contraire, non-seulement à la notion philosophique de l'ordre, mais encore à la constitution physique de la création.

Après la nature, c'est la liberté qui fonde la nationalité du droit. La nation met sur son œuvre juridique l'empreinte de sa personnalité. Le droit est imprégné de la personnalité nationale. La nationalité du droit est le signe de l'indépendance et de la liberté humaines.

Montesquieu, qui aura l'honneur durable d'avoir lutté contre le courant délétère de son siècle en matière de philosophie du droit, a peut-être exagéré la théorie de la nationalité du droit. La théorie austère, mais étroite et égoïste, du *Jus Civile* a été condamnée à jamais par le fait du christianisme. L'exclusivisme des droits nationaux a reculé peu à peu devant les dogmes de la charité et de la fraternité humaines, comme la liberté des enfants des hommes devant la liberté des enfants de Dieu.

On connait les effets du *Jus gentium* de l'empire Romain. Pendant tout le moyen-âge, l'Église travailla à édifier, non l'uniformité des législations (elle a toujours toléré et protégé même les Rites nationaux), mais l'harmonie des droits nationaux. Or, cette harmonie ne peut être amenée que par des influences morales. Aussi Charlemagne (1), qui avait songé un instant à établir par un acte de puissance un droit uniforme dans toute l'étendue de son immense empire, c'est-à-dire, dans toute l'Europe civilisée, renonça bientôt à ce projet, parce que son esprit pratique en avait mesuré l'impossibilité matérielle. Il se contenta de prêter le secours de la puissance civile à l'œuvre de l'unité morale de l'Europe. Voilà en quelques mots la philosophie de l'histoire de l'*Empire Germano-Chrétien*, appelé plus tard le *Saint Empire Romain*. Cette œuvre grandiose ne réussit qu'à moitié. Ce n'est pas le lieu ici d'exposer les causes de ce succès partiel.

Quant au droit, le progrès fut immense. Les droits nationaux furent conservés, comme produits de la personnalité et de la liberté des divers peuples ; mais leurs principes fondamentaux s'épurèrent et s'harmonisèrent. A côté des droits nationaux, l'Empire Germano-Chrétien donna naissance au *Jus Gentium* moderne, à ce que nous

(1) Einhardus, *Vita Karol. Imp.* (Pertz, *Mon. germ. hist.*, t. II, p. 326 sq.), *c.* 29.

appelons aujourd'hui le Droit International ou Droit Public Européen.

Mais revenons aux principes. Examinons la question au point de vue universel. Sortons des bornes de ce qu'on appelait autrefois la *République Chrétienne*. Raisonnons, en considérant toutes les nations de la terre (*orbis terrarum*). Je dis : la nationalité des droits est légitime en théorie et fondée en fait ; mais, philosophiquement, la nationalité des droits est resteinte et limitée. Le caractère national d'une législation quelconque doit être dominé : par les principes nécessaires, universels et absolus du droit ; par la règle nécessaire, universelle et absolue du bien ; par la justice. Ceci demande quelques explications.

Le droit, règle publique de toute association durable, doit être bâti sur le plan divin, c'est-à-dire, nécessaire de la société. Le degré de la personnalité humaine, le règlement des droits de famille, l'organisation de la propriété, la forme de l'autorité peuvent varier de frontière à frontière, comme ils varient en effet. Mais cette différence dans la forme ne peut aller jusqu'à l'annihilation du principe ; car alors la nationalité du droit serait la chose la plus funeste qui se puisse imaginer. Un intervalle de deux degrés de latitude ne peut amener, ici, l'étouffement total de la dignité humaine, et, plus loin, la liberté à l'état sauvage. Un climat chaud ne justifie pas la polygamie, pas plus qu'un climat froid ne légitime la faculté illimitée du divorce. Dans le plan de la création, la Chine n'est pas faite pour un despotisme de fétiches, pas plus que la Californie n'est naturellement destinée à l'arbitraire de la loi de Lynch. La situation géographique ne peut autoriser Manou à donner la propriété du sol de l'Inde aux seuls Brahmanes, ni le citoyen Babeuf ou M. Cabet à attribuer la propriété du sol de la France à tous les Français indistinctement.

Chaque nation réalise le bien suivant ses forces et ses moyens ; mais la nationalité du droit ne consiste pas dans la réalisation capricieuse du mal. Ce qui est contraire à la règle universelle, nécessaire, éternelle du bien est mauvais à San

Francisco, à Paris et à Pekin, comme à Stokholm, à Palerme et à Sydney. Le même mal sera, suivant les circonstances, moins imputable à Ceylan et plus imputable à Londres : c'est là un fait anormal, mais non national. La nationalité du droit ne consiste que dans la réalisation libre, par conséquent variable (suivant les différents peuples), du bien, et rien que du bien.

La justice est le rapport du bien en soi aux actions des hommes : plus une action est conforme à la règle éternelle du bien, plus elle est juste. Puisque tous les hommes et toutes les nations doivent réaliser le bien, la nationalité du droit ne peut consister dans l'accomplissement du même acte, justement en Europe et injustement en Asie : le même fait ne saurait être vanté ici comme juste, tandis que partout ailleurs il est condamné avec raison comme injuste. Il est vrai, pour les êtres relatifs, le bien se proportionne toujours à la vérité connue. Une même action mauvaise posée par un Abyssinien, en Abyssinie, et par un Français, en France, pourra paraître plus ou moins juste, suivant qu'on se placera au point de vue des civilisations respectives de l'Abyssinie et de la France ; mais l'action n'en est pas moins injuste, éternellement injuste. Tous les efforts des Abyssiniens doivent tendre à une plus haute connaissance de la vérité et du bien. Ils ne peuvent continuer à croupir dans le vice et l'injustice, sous le spécieux prétexte de nationalité.

La nationalité du droit, quand elle n'est pas le résultat des passions mauvaises de la nation ou du pouvoir national, quand elle s'est développée sur le plan divin de la société, conformément à la règle du bien et en respectant la justice, est un élément précieux pour le développement juridique. Elle forme alors véritablement la personnalité de la nation.

La personnalité d'une nation, cette conscience intime de sa spontanéité, de sa virilité, est la source de sa grandeur morale. Elle donne au caractère national une énergie glorieuse, une noble et légitime fierté, et elle inspire au peuple une confiance salutaire dans sa valeur et dans sa force.

C'est cette personnalité, ce caractère libre, original et fortement accusé, qui a fait la force et la grandeur des Grecs et des Romains. Rome est tout entière dans son droit. Quand ce droit, l'austère *Jus Civile*, fut percé à jour par le *Jus Gentium*, quand la cité romaine perdit son originalité (et elle devait la perdre par l'extension démesurée des limites de l'empire), la grandeur romaine fut abaissée.

C'est aussi cette personnalité, qui a frayé la route à la domination germanique sur les ruines du monde romain. Quand les états, formés par la grande invasion, abandonnèrent le droit national, pour adopter en tout ou en partie le droit romain, à partir de l'époque dite la Renaissance, la transformation des principes politiques suivit la décadence du droit germanique. La Renaissance du droit romain date du XIIe siècle. A partir du siècle suivant, les idées despotiques du droit public antique s'infiltrent déjà partout. Les communes meurent en Italie ; et l'empire Germano-Chrétien commence sa longue agonie, au moment même où ses chefs, serviles plagiaires des empereurs romains, croyaient établir sa puissance sur des bases plus solides.

L'Angleterre est un des rares peuples qui ait maintenu intacte la nationalité de son droit séculaire. A l'heure qu'il est, elle obéit encore à des lois de la fin du XIIe siècle. Le peuple anglais est aussi un de ceux dont le caractère national est le plus fortement trempé.

Le droit actuel de la France est un mélange de droit romain, de droit germanique et d'anciennes coutumes mêlées d'éléments celtiques, germaniques ou locaux. Un grand nombre des éléments nationaux que renfermait l'ancien droit français ont été détruits avec la monarchie de saint Louis et remplacés par des éléments théoriques, conçus à priori. La France et son droit ne sont ni purement celtiques, ni purement romains, ni purement germaniques, mais à la fois celtiques, romains et germaniques. Voilà peut-être la cause du caractère européen des idées et du droit de la France.

La personnalité d'une nation, le moi national fait

l'héroïsme et le salut des petits contre les forts. Toute la puissance de l'Orient vint échouer contre la nationalité des petites républiques de la Grèce. Aux Thermopyles, trois cents sujets des lois de Lycurgue tinrent tête à toute l'armée du Grand Roi, et moururent pour le droit et la nationalité du droit de la Grèce. Après le désastre de Xérès de la Frontera, les derniers survivants des Goths allèrent s'enfermer avec leur droit dans les cavernes des Asturies : six siècles de fidélité persévérante aux traditions nationales furent récompensés par la reconstitution de la monarchie d'Alaric, de Reccared-le-catholique et de Roderic. Au commencement de ce siècle, tout le génie du plus grand capitaine des temps modernes vint échouer contre la nationalité des descendants des compagnons de Pélage, du Cid et de Ferdinand III. L'Irlandais, ivre de gin et de misère, brave quatre siècles de domination anglaise par sa fidélité aux traditions nationales.

Les peuples qui abandonnent la forme nationale du droit, pour copier servilement un droit étranger, ressemblent à ces hommes vulgaires, qui n'ont pas la force ou le courage de pousser le ressort de leur propre vie et qui vivent en parasites de la vie d'autrui. Malheur aux nations qui perdent totalement les formes historiques de leur droit; car ils perdent la nationalité, et puis l'existence. Flaminius vint un jour, à Corinthe, au milieu des députés de la Grèce, rassemblés pour les jeux isthmiques, et proclama, au nom du peuple romain, que la Grèce était libre : les compatriotes d'Aristide et d'Epaminondas qui avaient été fiers des lois Macédoniennes avaient déjà perdu le sens national; ils furent stupidement joyeux. Cinquante ans plus tard le grossier Mummius annonçait, sur les débris de cette même ville de Corinthe, que, la Grèce était réduite en province romaine.

Résumons cette matière avec Gaius : « *Omnes* « *populi qui legibus et moribus reguntur, partim* « *suo proprio, partim communi omnium homi-* « *num jure utuntur. Non quod quisque populus* « *ipse sibi jus constituit, id ipsius proprium est* « *vocaturque jus civile, quasi jus proprium ipsius*

« *civitatis. Quod vero naturalis ratio inter omnes* « *homines constituit, id apud omnes populos* « *peraeque custoditur, vocaturque jus gentium,* « *quasi quo jure omnes gentes utuntur. Populos* « *itaque romanus partim suo proprio, partim* « *communi omnium hominum jure utitur.* » *Gaj. Inst., fr...*

CHAPITRE VI.

FORMES RELIGIEUSES, POÉSIE ET SYMBOLISME DANS LE DROIT [1].

Sous ce titre, je me propose de développer quelques considérations spéciales, qui, à la vérité, ne sont pas traitées dans les anciens ouvrages sur le droit naturel, mais qui, à mon avis, ont une certaine importance pour la question de l'origine scientifique du droit.

(1) Consulter : Vico, *Scienza nuova*.
Fabre d'Olivet. *Histoire du genre humain*.
Creuzer. *Symbolik* (*trad. de M. Guignaut*).
Goguet. *Orig. des lois, des arts et des sciences*.
Ballanche. *Instit. Soc.*, *Orphée*, *Palingénésie*.
Michelet. *Orig. du droit Français*.

Je n'entends pas tracer un résumé historique des formes religieuses, poétiques et symboliques des diverses législations qui se sont succédé dans le monde : ce travail excéderait les bornes de cette étude et n'aurait pour notre sujet qu'une utilité accessoire. Ce que j'ai en vue, c'est l'explication de l'origine des formes religieuses, poétiques et symboliques dans toutes les législations primitives, et l'exposition sommaire des conclusions auxquelles nous mène l'étude philosophique de ces formes, au point de vue particulier de la science rationnelle du droit.

Ces considérations, me paraît-il, seront la preuve à posteriori de nos principes théoriques.

J. Grimm. *Poesie im Recht.*

Ibid.. *Deutsche Rechtsalterth..*

Dümge. *Symbolik der Germ. Völker in einigen Rechts gewohnheiten.*

Reyscher. *Symbolik des germanisch. Rechts.*

E. Baron de Moy de Sons. *Ueber den Symbolismus des Rechts.*

Chassan. *Essai sur la symbolique du droit, précédé d'une introduction sur la poésie du droit primitif.*

De plus, elles auront le précieux avantage de nous maintenir à côté de la réalité concrète, dont un bon théoricien ne doit jamais faire abstraction, dans l'étude du droit moins qu'ailleurs.

Parlons d'abord des formes religieuses des législations primitives.

Le droit, avons-nous dit, est l'expression concrète d'un ordre moral : c'est la réalisation sensible du bien dans la vie sociale. Le premier principe du droit tient à l'essence immuable des choses. Par lui, le droit relie véritablement la vie sociale à la vie divine (*Religio*). Aussi, dans la sanction dernière du droit, dans la peine, la volonté humaine imite imparfaitement le dogme moral et religieux de la réparation.

Ces idées, auxquelles les précédents chapitres me dispensent de donner de nouveaux développements, gisaient dans la conscience des peuples primitifs. La réalisation du droit étant nécessaire, physiquement et logiquement nécessaire, ces peuples ou plutôt les générations successives de ces peuples, en attribuèrent à Dieu, non-seulement le premier principe, mais l'établissement concret. Le maintien logiquement et physiquement nécessaire du droit étant impossible sans sanction, dans la suite des générations la peine juridique fut considérée comme étant d'origine immédiatement divine et elle fut confondue avec le dogme de la réparation lui-même, ce dogme qui traverse toute l'histoire de l'humanité, accompagné de cris si lamentables. Plongés dans l'abîme sans fond d'un panthéisme matérialiste, tous les peuples primitifs (sauf un seul) étaient maintenus dans un respect sans liberté et une crainte servile par l'idée terrible de divinités vengeresses impitoyables. Ils faisaient ainsi abstraction du dogme de la liberté, car dans la panthéisme il n'y a plus de liberté, et ils plaçaient le droit dans le domaine de l'absolu. En un mot, le droit n'était pour eux qu'une partie de la religion, au lieu d'en être l'allié.

Ce fait est général dans toute l'antiquité. Je ne cite pas le peuple Juif, parce qu'il occupe dans l'histoire du droit comme dans l'histoire des religions, une place spéciale. Je ne veux pas nommer non plus le droit de l'Inde, le droit de la Grèce et le droit de Rome. Le lecteur connaît, par ses études classiques, tous les mythes religieux que la tradition antique attacha à leurs origines.

Pour le droit Romain, je renvoie au *qu'il soit anathème*, *sacer esto*, de la Loi des XII Tables et aux trois sources suivantes :

Livius, *Decad. I*, *Liv. IX. in fine* : « Jus civile repositum in penetralibus pontificum evulgavit. »

Valer. Maxim. (*Faits et dicts memorables*, IXliv.), *Liv.* II, *ch.* 5, *n.* 2 : « Jus civile per multa saecula inter sacra ceremoniasque deorum immortalium, abditum, solisque pontificibus notum. »

Fr. 2, § 6 *in fine*, Dig., *de origine Juris*, *I*, 2 : « omnium tamen harum (legum XII tab.) et interpretandi scientia, et actiones, apud collegium pontificum erant. »

Je préfère m'arrêter un instant au droit de nos ancêtres, les Germains (1). Dans le paganisme

(1) Tacite, *German.*, c. 7. « Ceterum neque animadvertere,

germanique, prêtre et juge ou réparateur (Sühner), sacrifice et jugement (Mahl) sont synonymes. Le Juge est le représentant de la Divinité et décide des affaires civiles, d'après les lois religieuses. L'*Ynglinga-Saga* (c. 2. c. 8) raconte qu'à Asgard (Asie, Troie), douze prêtres avaient l'administration supérieure des sacrifices et des Tribunaux. Dans tous les dialectes germaniques primitifs, le mot qui indique la religion est : A (commencement), Ae, Aew, E, Euua, Ehe (mariage), union, alliance. De là, Ewig, éternel ; *E-warto*, gardien de la religion, prêtre ; *A-sega* et *E-saga*, *legem dicere*, législateur, juge. Le synonyme de A, E, Ehe, alliance, religion, est *Laga*, *Lagh*, *Law*, *Low* (*Lex*, *Loi*) : ce mot *Laga* équivaut au mot moderne *Grundlage*, fondement, ce qui est donné comme base et qui existe actuellement

neque vincire ne verberare quidem, nisi sacerdotibus permissum ; non quasi in poenam, nec ducis jussu, sed velut deo imperante quem adesse bellantibus credunt. »

Id., c. 11. « Silentium (c'est-à-dire, dans l'assemblée nationale) per sacerdotes quibus tum et coercendi jus est, imperatur. »

comme telle. — La cosmogonie des anciens Germains et leurs croyances sur l'origine de la création se retrouvent dans leur droit. L'homme est un arbre sorti de la terre, de la glèbe : l'homme = frène ; la femme = aune. A cet arbre, les Dieux ont insufflé la vie, en lui donnant du sang. Le sang est le siége du principe vital, de l'âme (*Seele, Saiv-ala*, force motrice), comme l'eau est le siége de la vie végétale. De ces croyances proviennent une multitude de formes juridiques. De là les mots *Leute*, *leudes*, *gens* (de *liudan*, en gothique, *croître*.)

Arbre généalogique, *stammbaum* (*stamm*, tronc, tige, souche = *stab*, bâton).

Race, tribu, *volkstamm*.

Branche, tige, souche, *zweig* ; etc.

De là aussi l'importance de la *glèbe*, d'où l'homme est sorti et où il doit retourner. Héritage, succession, *Erbe* répond au latin *arvum* (terre labourée et non encore ensemencée) et au grec ἡ ἄρουρα (champ labouré ou labourable). Dans le langage juridique français, nous disons encore un héritage pour désigner une propriété.

Les Germains croyaient que, par la procréation, l'âme des parents passait aux enfants avec le sang, et par conséquent aussi les qualités et les propriétés. De là le principe juridique de l'égalité de naissance et de condition, très-important dans le droit germanique (*Ebenbürtigkeit*). De là aussi cet antique adage germanique : le mort saisit le vif.

La capacité de droit du germain libre est garantie par sa famille (*Sippe*). La *Sippe* ou race est une association de paix et de guerre (*gilde*), unie par les liens du sang et la communauté des sacrifices.

Je pourrais multiplier ces détails. Mais nous devons nous restreindre. Les quelques exemples que je viens de donner suffisent pour établir la thèse que j'ai posée.

La simplicité et la pureté des relations sociales, la vie patriarcale dans sa sublimité biblique rendent sans danger cette confusion de la religion et du droit. C'est ce que les poètes et les traditions de tous les peuples de l'antiquité ont appelé l'âge-d'or. D'ailleurs cette confusion absolue n'était possible que là où tous les individus de la nation sans exception aucune professaient les mêmes croyances et ne soupçonnaient même pas qu'il put en exister d'autres que les leurs.

Mais avec la complication et la multiplication des rouages sociaux, avec l'obscurcissement graduel des pures croyances du monde primitif à son berceau, avec la décadence des mœurs et de la raison qui accompagne toujours l'affaiblissement des croyances religieuses, avec la diversité, la dureté et même l'immoralité de ces croyances affaiblies, cette confusion du droit avec la religion devait conduire aux conséquences les plus monstrueuses. C'est ce que l'histoire nous enseigne.

Le christianisme proclama les vrais principes. Il sépara le droit de la religion (S. Math., VI, 24 ; par ex.), sans les désunir (par ex , S. Paul, Rom., XIII, 1, 4). La religion est de Dieu, absolument. Le droit est de l'homme, sous le respect des lois de Dieu.

Voilà pourquoi, après la conversion des Germains au christianisme, il resta pendant un certain temps peu d'harmonie entre le droit et la religion.

Certaines institutions de droit germanique tels que la *faida*, par exemple, résistèrent pendant des siècles à l'action radieuse de l'Église. Aujourd'hui même, après dix-huit siècles de christianisme, n'avons-nous pas encore dans nos mœurs un vestige du paganisme juridique de nos ancêtres, le duel ?

Je passe aux formes poétiques du droit, à son berceau.

On parle souvent de poésie et de poètes, mais on prend rarement le soin de dire avec précision ce que c'est que la poésie. Le vulgaire entend, par ce beau mot, des motifs d'imagination exprimés en paroles rythmées ou rimées, sur un sujet quelconque, avec une tendance quelconque ; souvent la boursoufflure, le discours vague, sans grâce et sans virilité, du premier incompris venu, ou le vers leste, plat et impudique d'un matérialiste ou d'un réaliste, comme on dit aujourd'hui, lui paraissent être de la poésie de fort bon aloi. De là l'injuste discrédit dont est frappé chez beaucoup d'hommes sérieux l'art sublime de Pindare, de Virgile, de

Dante, de Milton, de Camoëns et de de Chalderon.

Pour moi, j'appelle poétique toute idée qui exprime l'effort de l'âme, c'est-à-dire, de l'intelligence, du sentiment et de la volonté, vers le bien absolu et infini. La cadence, le rythme, la rime ne sont que des emprunts faits à la musique, alliée naturelle et presque toujours signe de la poésie. Platon voulait exclure les poëmes d'Homère de sa république ; et cependant, on trouve autant de poésie chez l'auteur des Lois que dans l'Illiade. Les Cantiques de Moïse, les Psaumes de David, l'Ecclésiaste, le Cantique des Cantiques, Isaïe me paraissent aussi poétiques que Pindare, Sophocle et Euripide. Le sentiment dans lequel on place trop souvent le domaine exclusif de la poésie est inséparable de l'intelligence et de la volonté ; car l'âme est indivisible. Cela est si vrai qu'on écoute avec un enthousiasme poétique la démonstration de la grandeur et de l'harmonie des sphères célestes, démonstration à laquelle Pythagore avait rattaché sa gamme.

Toute poésie, digne de ce nom, est religieuse, dans le sens général et philosophique du mot. Le poète a un caractère sacerdotal ; il est *vates*, comme disaient les Romains. En dehors de ce caractère religieux, il n'y a plus de poésie; il y a de la prose rhythmée ou rimée d'une façon plus ou moins heureuse ou un accouplement de mots quelconques destiné à servir de cadre à des motifs bachiques ou chorégraphiques : il y a là, si vous voulez, une intention poétique, mais c'est de la poésie d'opéra. Homère, Hésiode, Sophocle, Pindare ne sont poètes que parce que leurs œuvres ont ce caractère profondément religieux. Le chef de la poésie grecque est un dieu ; et le cénacle d'Apollon est une réunion d'essences célestes, les Muses. Cette petite digression n'était pas inutile pour faire comprendre la présence de la poésie dans les législations primitives.

Si la poésie est la fille légitime de la religion, il n'est pas étonnant de la retrouver unie au droit chez les peuples de l'antiquité antéchrétienne, puisque le droit lui-même était confondu avec la religion.

Les Égyptiens se vantaient d'avoir reçu leurs lois de la déesse *Isis*, qui les leur aurait transmises sous forme de poèmes (1). Le code de Manou, que nous possédons encore aujourd'hui, est rédigé en distiques (*Slokas*) de 32 syllabes.

Chez les Grecs, Apollon, le dieu de la poésie, est aussi un des premiers législateurs ; il publie les lois au son de la cithare ; son fils, Orphée, civilise ses contemporains, en les charmant par sa lyre. Minos, si célèbre dans toute l'antiquité par sa législation, avait reçu ses lois sous forme de vers, de la main de son père, Jupiter. Les lois versifiées de la Crète servirent de modèles à Lycurgue. Cet austère législateur Dorien initia le premier ses compatriotes aux beautés d'Homère et chargea son ami Thalétas de préparer les Spartiates à recevoir les maximes (ῥῆτραι, de ῥήτρα, droit de parler, discours, article de loi), que lui avait révélées la Divinité. D'après Suidas,

(1) Voy. Vico, *Sc. Nuov.*, l. II, Orig. della locuz. poét. — Balanche, d'après Platon, *Palingénésie*, 1re add. aux proléy., 1re part.

Dracon, le terrible Dracon, versifia les lois qu'il donna aux Athéniens ; cela est fort probable , car la prose grecque ne date réellement que du commencement du Ve siècle avant notre ère. Solon était législateur autant que poète ; il composa divers poèmes ; les fragments qui nous sont parvenus tiennent à la fois de la poésie gnomique et de l'élégie poétique. Les prologues qui servaient d'introduction aux lois des Catannéens et des Locriens Épizéphyriens et que nous a conservés Stobée, nous présentent, d'une manière claire et authentique, ce mélange des éléments religieux, poétiques et juridiques , qui est le caractère général de toutes les législations grecques.

Élien de Préneste (*Hist. diverses*, L. II, c. 39) rapporte qu'en Crète les enfants apprenaient à chanter les lois de Minos. Athenée de Naucratis (*Banquet des sophistes*, L. XIV) raconte aussi que les enfants chantaient les lois de Charondas à Catanes. Ce fait n'a rien de mythologique. Le positif Aristote (Probl. Sect. 19, p. 28) explique que, de son temps (il naquit en 384 av. J. C.), on donnait le même nom aux lois et aux airs qui se chantaient, parce qu'avant l'invention de l'écriture, les lois mises en musique se chantaient, comme faisaient encore de son vivant les Agathyrses. Les lois et ces airs s'appelaient *nomes* (νομοι. ἡδύς νόμος, air agréable, dit Aristophane, νόμον τίθεσται, dit Eschine). Plutarque (*in Demosth.*) raconte que Philippe de Macédoine, après la bataille de Chéronée, se rendit, ivre de vin et d'orgueil, sur le champ de carnage, couvert de cadavres athéniens ; et là il se mit à parodier le décret que Démosthène avait fait rendre pour exciter les Grecs contre lui, chantant ce décret, comme faisait le crieur public, en battant la mesure : « Démosthène, fils de Démosthène Poenien, a dit : etc. (1) » Nous verrons tantôt que cette synonymie de droit et de poésie se retrouve aussi dans les monuments primitifs de la législation romaine. Disons en passant que le

(1) Cp. Elien, *Hist. div.*, liv., II, c. 39. — Stob, *Serm.*, 42, p. 291. — Mart. Capella, *De nupt philolog.*, l. IX, p. 313 : « Graecarum quippe urbium multae ad lyram leges decretaque « publica recitabant. »

moyen-âge a conservé les traces de ces usages primitifs sur la récitation rhythmée des lois et des documents juridiques. De là les *incantatores publîci* (v. Du Cange), les expressions *vendre à l'enchantement* des *Assises de Jérusalem* (Ibid.), et la formule moderne *Vente à l'encan* (Loi du 17 Thermidor An VI, art. 6): les praticiens se servent même encore du mot *encanteur*.

L'histoire du droit romain si pratique et si sévère nous offre aussi un grand nombre de faits intéressants au point de vue du sujet que j'essaie d'élucider. Je ne veux pas m'arrêter à la communauté d'origine des mots *Jupiter* et *Jus*, dérivés du mot *Jous*, nom primitif de ce dieu, ni aux nombreuses synonymies du mot *nomen*, qui signifie droit, comme νομος en grec (voy. *Vico*, Liv. II, ch. 3, corall. 4). Cicéron rapporte que les enfants apprenaient la loi des XII Tables par cœur ; et il lui donne même le nom de *Carmen* (*de legib*., II, 23). Cette appellation ne paraît pas arbitraire ; car les fragments de cette loi, parvenus à nous, ont la mesure syllabique et la rime, sans avoir, il est vrai, la quantité. (Celle-ci est d'origine grecque et ne fut importée à Rome que vers la fin du VIe siècle, tandis que la *Loi des XII Tables* est des premières années du quatrième siècle.) Voici quelques exemples :

Adsiduod
Vindecs adsiduos estod
Proleitariod
Quoiqueis volet vindecs estod.

(Tab. I, 5.)

Nei iou licatom facsit
Aut quips endo eo im ioure vindicit
Secom ducitod
Vincitod aut nervod
Aut compedeibus quindecim pondo
Nei maiosed
Aut sei volet
Minose vincitod.

(Tab III, 1-3)

Sei membrum rupit,
Ni com eo pacit,
Talio
Estod.

(Tab. VII, 3.)

Tite-Live (*Hist.*, I, 26) appelle *lex horrendi carminis* la loi qui institua les Décemvirs, chargés de prononcer sur le sort d'Horace, coupable du meurtre de sa sœur. Le même historien donne aussi le nom de *carmen* à la formule du serment prêté par le *Pater Patratus* (l. c., I, 24 : *pater patratus.... carmine ; sua item carmina albani...*), et à la formule du serment d'exsécration (l. c., X, 38). Dans un autre passage, il appelle le texte de la loi *rogationis carmen* (l. c., III, 64). Il donne même ce nom à un traité. Pline le Jeune (Panég., LXIII) nomme *carmen comitiorum* la formule de proclamation du consulat dans les comices du champ de Mars. Ces expressions sont les débris d'un ancien état de choses, usé et perdu, et prouvent que dans l'enfance du droit romain, la formule, la loi et la sentence étaient en vers et se chantaient. On retrouve même les traces de ces antiques usages dans les *Actiones legis*, antérieures aux Lois *Aebutia et Julia* et dont Gaius nous a conservé des fragments assez complets. Le texte des formules orales appartenant au système des *Actiones legis* était mesuré et rimé. Exemple :

Dans la *litis vindicatio* ou *lis vindiciarum*, celui qui revendiquait son esclave disait :

Hunc ego hominem ex jure quiritium meum esse aio,
Secundum suam causam, sicut lixi.
Ecce tibi
Vindictam imposui.

La cérémonie est symbolique ; pendant son accomplissement l'une des parties disait à l'autre :

Jus peregi
Sicut vindictam imposui.

La partie adverse répondait :

Quando tu injuria vindicavisti.
D aeris sacramento
Te provoco.
(Gaius, IV. 16.

Mentionnons aussi l'importance d'Homère et même de Virgile dans le *Corpus juris* lui-même. Vico ne méritait donc pas tant de reproches parce qu'il a soutenu que toute la primitive législation des

Romains fut un poeme severe. Toutefois je conseille à ceux qui voudraient approfondir ces études, sur les pas de l'auteur de la *Science Nouvelle*, de ne pas se laisser entraîner par son esprit de système préconçu.

Chez les peuples germaniques, la plus ancienne forme poétique est l'allitération.

L'allitération est la répétition de deux consonnes radicales semblables dans deux mots différents d'un même vers, liés au vers suivant par une troisième consonne identique. En voici un exemple en langue scandinave :

Fyllis Fiòvi
Feigra manna.

La célèbre formule du Prêteur à Rome :

Do, Dico, aDDico.

est une allitération.

M. J. Grimm, dont l'autorité est grande en pareille matière, ne doute pas que toute la législation primitive des Germains n'eut une forme poétique. Il est certain que les formules proverbiales, les sentences sous forme de brocards, les tautologies, les assomances sont très-communes dans le droit germanique. On connaît, par Tacite, le goût prononcé des Germains pour la cadence. Le *Bardit* en est un exemple ; « le *Bardit*, dit « l'auteur des *Annales*, qui est moins une suite « de paroles que le cri du courage... (*Germa-* « *nie*, c. 3). » On sait que, chez les Celtes, les bardes transmettaient les lois druidiques au peuple, à l'aide de la lyre d'or. Dans les assemblées nationales des Germains, on n'entendait pas le verbiage éclatant et moelleux des Grecs, ni la parole sévère des Romains en toge. « Si l'opinion leur déplaît, dit « Tacite, ils témoignent leur mépris par de sfrémis- « sements; s'ils l'agréent, ils agitent leurs framées. « La marque d'assentiment la plus honorable, « c'est d'applaudir avec les armes (Tacite, *Germ.*, « c. 11). » C'est aux Germains que nous devons une foule de sentences brèves, saccadées, énergiques, dont fourmillait l'ancien droit et qui aujourd'hui encore sont connues et répétées chez les praticiens et même dans le peuple : *coutume passe droit*, *ne dote qui ne veut*, *possession vaut titre*, *n'est héritier qui ne veut*, *le mort saisit le vif*, *le roi ne meurt jamais*, *nul ne naît chevalier* , *qui fait l'enfant le doit nourrir*, *les tutelles sont datives*, *le pied saisit le chef*, *donner et retenir ne vaut* , *une fois n'est pas coutume*, *lettres passent témoins*, *nécessité n'a pas de lois*, etc. etc. Toutes ces maximes formaient une loi perpétuelle, écrite partout.

Toute l'énergique et sauvage poésie du droit germanique se trouve exprimée dans cette formule du bannissement par le Tribunal Vehmique : « Nous « te jugeons et te condamnons , nous te mettons « hors de tout droit. Ta femme, nous la déclarons « veuve ; tes enfants, orphelins et libres de tous « liens envers toi. Nous donnons tes fiefs au « seigneur de qui tu les reçus, ton patrimoine et « tes propres à tes enfants, ton corps et ta chair « aux bêtes des forêts, aux oiseaux de l'air, « aux poissons qui sont dans l'eau. En quelque « lieu que tu te trouves, nous te délaissons et te « renions ; et là où tout homme doit avoir paix et

« protection, tu n'en trouveras, toi, d'aucune sorte.
« Nous te renvoyons enfin sur les quatre routes
« du monde. »

Les anciens recueils de droit germanique sont remplis d'expressions colorées et poétiques. L'incapacité héréditaire de celui qui a été condamné pour meurtre est proclamée ainsi : La main sanglante ne doit toucher aucun héritage (Blutige Hand nimmt kein Erbe). Voici un paragraphe de la *Loi des Westgoths* (I, § 8). « L'un des frères fait le commerce, l'autre reste assis à la maison auprès de la cendre du foyer paternel. » Les lois barbares ont aussi leur *sacer esto*, *diris devotus*, *cereri suspensus*. La loi salique (Tit. LVII, § 5), la loi Ripuaire (Tit. LXXXV, § 2) appellent le proscrit *wargus*, loup ; la loi lombarde, *wargangus*, qui a une signification analogue ; tels aussi sont les proscrits *caput lupinum gerentes* des lois anglo-saxonnes. Voilà l'origine juridique de la légende de l'Homme-Loup ou Loup-garou.

Les préambules de quelques anciens recueils

juridiques germaniques sont en vers, par ex., l'*Asegabuch* et le *Sachsenspiegel*.

Ces détails, qui sont très-incomplets, mais que je dois limiter, prouveront l'importance de la « poésie » dans le droit primitif. Ils suffisent d'ailleurs pour légitimer par des faits les prémisses rationnelles que j'ai posées.

Avant de terminer, disons quelques mots du Symbolisme dans le droit.

La religion vit de symboles. Le motif en est facile à saisir. Le domaine de la religion est dans l'absolu, l'infini, le surnaturel, tandis que l'homme vit ici-bas dans le relatif, le fini, la nature. Pour exprimer le culte, qui est inséparable de la religion, il doit associer religieusement le corps et l'âme. De là le symbole religieux, manifestation sensible de choses et d'idées absolues.

Or, nous l'avons démontré, à l'origine des sociétés, dont nous connaissons l'histoire, nous trouvons toujours et partout le droit uni et confondu avec la religion. Le droit religieux ou, si l'on veut, la religion juridique eut donc aussi ses symboles, j'allais dire son culte et ses dogmes. *Uti lingua nuncupavit, ita jus esto*, dit la Loi des XII Tables (VI, 1). Plus tard, quand le droit fut séparé de la religion, après la fondation de l'Église chrétienne, les symboles restèrent en vertu de la continuité et de l'unité historiques des droits coutumiers ; et ils ne disparurent que peu à peu, par la désuétude, la législation et, si l'on ose s'exprimer ainsi, par la spiritualisation du droit.

En dehors de l'élément exclusivement religieux, qui est la source historique et principale de la plupart des anciens symboles juridiques, il est encore d'autres causes accessoires.

L'homme a une double nature : il est esprit et corps. Malheureusement il est même souvent plus corps qu'esprit ; car il y a des hommes, des peuples qui, pour employer l'énergique expression de Bossuet, ne pensent que corps. De ce dualisme de la nature humaine résulte une tendance naturelle et souvent nécessaire de représenter les choses spirituelles par des choses matérielles. Voilà pourquoi les langues et les écritures fourmillent de symboles. De là aussi les symboles dans la langue, dans l'écriture et dans la vie du droit, lequel est cependant un ordre moral.

En second lieu, il faut remarquer que le symbole sert le plus souvent de forme solennelle juridique. Les peuples simples, nomades, pasteurs, peu nombreux, en contact continuel et exclusif avec les montagnes, les champs et les forêts, dans la solitude desquels ils sont à peine remarqués, n'ont pas ce que nous appelons une administration. D'ailleurs l'administration ne s'improvise pas ; elle est le résultat d'expériences séculaires. Chez les peuples cités, et pendant longtemps, le symbole est la seule forme solennelle juridique praticable : c'est un acte juridique dans toute l'acception du terme. Nous pratiquons encore aujourd'hui quelques-uns de ces symboles ; par exemple, le serment judiciaire est à la fois un acte religieux et un symbole. L'art. 1605 du Code civil, sur la remise à l'acheteur des clefs d'un bâtiment vendu, consacre aussi une forme symbolique.

La cause principale de la durée des symboles dans les diverses législations de l'Europe, même après l'établissement du christianisme, git dans leur caractère profondément national. C'est pourquoi le symbole résiste le plus longtemps dans les législations dont l'unité historique n'a pas été violemment rompue ; par exemple, dans le droit anglo-saxon. Le droit français, au contraire, a perdu, pour ainsi dire, tout caractère symbolique, dans sa forme actuelle, parce qu'il est en grande partie le produit d'une abstraction législative. En France, la symbolique s'est réfugiée dans les usages du Palais et dans les masses populaires ; mais elle a disparu des lois.

Je ne puis entrer dans les détails sur la classification, la nomenclature et les diverses origines historiques des symboles juridiques. Cette vaste et curieuse étude, je ne la considère pas comme inutile pour la science du droit ; bien au contraire. Mais elle nous éloignerait trop de la pensée générale de ce livre.

Il me suffit d'avoir donné, au point de vue du

premier principe du droit, la raison philosophique de la présence de la religion, de la poésie et du symbole dans le droit.

CHAPITRE VII.

DU DEVOIR JURIDIQUE.

L'obligation de réaliser les vrais principes juridiques dans la coutume, la législation et la science du droit, d'établir le droit sur ses bases rationelles, sur le plan divin de la société, est un devoir moral pour la nation et le pouvoir national.

Le devoir juridique est l'obligation qu'engendre le droit existant. Cette obligation a une double manifestation ; elle comprend à la fois le devoir de l'individu d'obéir au droit et le devoir de la communauté des individus, c'est-à-dire, du pouvoir national, de maintenir le droit.

La nature du devoir juridique est analogue à la

nature du droit lui-même : il est extérieur. Il sort de l'ordre moral objectif de la société pour s'imposer à l'individu ; et il a cet ordre moral objectif pour but.

De ce caractère fondamental, la différence du devoir juridique et du devoir moral est facile à déduire. Le devoir juridique s'adresse surtout à l'action ; il est plutôt négatif ; il est toujours concrètement déterminé et reconnaissable ; il doit être invariablement accompli.

La comparaison des devoirs juridiques et des devoirs moraux forme une des parties principales des anciens traités de droit naturel. Cette sollicitude était le fruit de préoccupations particulières : depuis l'apparition de la philosophie spéculative on a cru pouvoir s'en dispenser. La question est fort importante cependant et elle mérite d'être scientifiquement examinée, tant au point de vue des principes universels du droit qu'au point de vue de la différence nécessaire de la morale et du droit.

1° Le devoir juridique, avons-nous dit, s'adresse

surtout à l'action. Le devoir moral s'adresse en même temps au motif. Pour le maintien de l'ordre extérieur de la société, on fait abstraction du motif. Le devoir moral considère l'acte dans sa source ; et le devoir juridique, dans ses effets. Certes, le motif n'est pas indifférent pour l'appréciation dans le devoir juridique, mais à lui seul il ne suffirait pas comme dans le devoir moral.

C'est ce que Kant appelle sa division en légalité et en moralité.

2° Le devoir juridique a une nature plus négative que positive ; car son but, la réalisation de l'ordre social, c'est-à-dire, de l'ordre extérieur de la vie commune, est déjà accompli : l'obligation qu'il engendre consiste donc uniquement à ne pas interrompre l'effet régulier de cet ordre extérieur. Ainsi, par exemple, quand on paie une dette ou quand on obéit à une prescription publique de police, on ne crée pas un fait nouveau ; on n'a d'autre mérite que de ne pas rompre la marche régulière de l'ordre extérieur de la société. Le devoir juridique est accompli ou il ne l'est pas :

il n'y a pas de milieu. — Il en est autrement dans le devoir moral. Son but étant à une distance infinie, son accomplissement par l'agent libre constitue un état constant de création spontanée ; car l'accomplissement du devoir moral est susceptible d'un perfectionnement indéfini.

En considération de cette différence du devoir juridique et du devoir moral, on oppose quelquefois le droit au bien.

3° C'est pour cette raison aussi que le devoir moral ne reçoit sa détérioration, dans chaque cas donné, que par l'individu usant de sa liberté : le devoir moral n'est pas reconnaissable, déterminé a priori, pour un cas donné, *in concreto*. — Le devoir juridique, au contraire, a été défini par la nation ou le pouvoir national (c'est là précisément le rôle du droit positif) ; ses prescriptions sont connues ; il est déterminé dans chaque cas donné, *in concreto*. Ainsi, par exemple, il est exactement reconnu et déterminé *in concreto* que le débiteur d'une créance doit payer sa dette ; mais, dans la pratique de la charité, le mode et la mesure de l'accomplissement de ce devoir moral et la personne du créancier de ce devoir ne sont pas déterminés.

4° Enfin, le devoir juridique doit être invariablement accompli ; car il fait partie d'un ordre actuellement et concrètement nécessaire. Le devoir juridique ne dépend donc pas de l'opinion de l'individu, ni sur la nature générale de son obligation dans un cas donné (c'est là le propre du cas de conscience), ni sur le degré d'obéissance due. L'accomplissement du devoir juridique est humainement nécessaire. Aussi le débiteur est-il soumis à la contrainte, mais par voie de droit seulement, de telle façon que l'individu contraint ait la conscience qu'il plie physiquement devant une force morale, et non devant une force physique.

Quant au devoir moral, les exigences absolues du perfectionnement intérieur de l'homme excluent la contrainte. Mais le maintien non-interrompu, constant, invariable de l'ordre social, le besoin suprême de l'ordre permanent dans la vie commune des hommes font de la contrainte juridique une nécessité extrême. Toutefois, il ne faut pas la déduire scientifiquement, comme Kant et Fichte, des exigences de la liberté individuelle ; car elle n'est la sanction extrême que de l'ordre purement social, c'est-à-dire, de la vie commune des hommes. La contrainte est subsidiaire, même dans le domaine du devoir simplement juridique. On ne peut dire, a priori, du droit, qu'il est un ordre naturel s'accomplissant à l'aide de la force physique. Le droit reste toujours un ordre pour les actions humaines, donc un ordre moral. Cet ordre, les hommes devraient, en vertu de leur destination spirituelle, l'accomplir toujours librement, volontairement, sans qu'ils y soient contraints : voilà le principe. En fait, le libre accomplissement du devoir juridique est toujours supposé ; et la contrainte ne paraît qu'à défaut d'accomplissement volontaire.

Le devoir juridique devrait être volontairement accompli, parce que le droit constitue un ordre moral. Il doit être accompli, parce qu'il émane d'un ordre moral objectif.

Dans l'état normal des choses, la contrainte est exercée par le pouvoir social. Mais là où il n'existe pas un tel pouvoir, antérieurement à l'État ou en dehors du lieu de l'État, la nécessité de l'ordre permanent de la vie commune autorise le créancier du devoir juridique à exercer lui-même la contrainte en invitant tous autres à lui prêter main-forte.

La contrainte n'est donc que la suite éloignée et non le caractère primaire du devoir juridique.

Le caractère primaire du devoir juridique réside dans la communauté, l'empire général, commun et objectif de la norme juridique et conséquemment dans l'obligation morale et commune d'un accomplissement nécessaire et indépendant de tout cas de conscience individuel et subjectif. Aussi, la contrainte, même entourée de règles et de garanties, n'est jamais un critérium complet du devoir juridique. Il existe des devoirs juridiques qui ne sont pas contraignables, sans que pour cela ils cessent d'être des devoirs juridiques ou se confondent avec les devoirs moraux. Ce caractère exceptionnel de quelques devoirs juridiques provient de ce que la possibilité d'exercer la contrainte fait défaut soit à la force chargée de se rendre maîtresse des récalcitrants, soit à l'autorité souveraine qui représente l'établissement juridique. Les devoirs juridiques non contraignables se divisent en deux classes principales :

1° *Devoirs de droit international*, par exemple, le devoir de maintenir les traités internationaux, celui de respecter l'exterritorialité des ambassadeurs, etc. Ces devoirs ont visiblement un autre caractère que les devoirs de la morale internationale, par exemple, le devoir de secourir un peuple opprimé, celui de ne pas ruiner le commerce d'un peuple voisin, etc. Les devoirs cités de droit international ne sont pas contraignables par voie de droit. C'est pourquoi on refuse souvent de donner un caractère juridique au droit international. A tort, cependant; car les exemples cités plus haut ont évidemment le caractère de règles juridiques, de règles dont l'accomplissement est obligatoire et constamment inviolable pour les peuples en présence.

2° *Les devoirs du pouvoir national envers les lois et surtout la constitution du pays.* Ils diffèrent essentiellement des devoirs moraux de ce même pouvoir, comme gouvernant.

Et par *pouvoir* je n'entends pas seulement les chefs du gouvernement ; mais le gouvernement tout entier : pouvoir exécutif et pouvoir législatif.

Les devoirs moraux du pouvoir dépendent de sa décision morale dans chaque cas déterminé : ils n'émanent que de la conscience.

Au contraire, les devoirs juridiques indiqués sont absolument exigibles. Leur accomplissement ne peut dépendre des décisions de la conscience des agents du pouvoir. Le pouvoir doit les accomplir absolument et sans réserve, s'il ne veut pas agir contrairement au droit et, par conséquen aussi, à la morale. Toutefois l'accomplissement de ces devoirs n'est pas physiquement contraignable, comme l'ont voulu plusieurs constitutions publiques ; par de tels principes on tuerait en effet toute autorité et avec elle l'établissement juridique lui-même. D'un autre côté, on ne peut pas soutenir non plus, comme l'école de Haller, que ces devoirs ne sont pas contraignables, parce qu'ils sont purement moraux : ce serait abandonner tout l'ordre juridique de la vie nationale à la merci de la conscience des agents du pouvoir ; ce serait transformer l'obligation de maintenir intact l'établissement juridique en un acte de grâce et de bon plaisir du pouvoir : d'un semblable principe découlerait, tout naturellement, le despotisme, non seulement le despotisme d'un seul, mais toutes les espèces de despotisme.

Il n'est pas inutile de préciser la différence entre ces devoirs juridiques non contraignables et les devoirs moraux ; car le devoir juridique, même dépourvu du secours extrême de la contrainte et de ses résultats déterminés d'avance et certains, a toujours un effet extérieur. La lésion des devoirs internationaux autorise le *casus belli*, c'est-à-dire, de la guerre de droit : la guerre légitime est une contrainte par voie de droit, dont la certitude dépend uniquement des faits. La violation de la constitution et des lois nationales par le pouvoir autorise les citoyens à protester et à résister passivement, tandis que le non-accomplissement par le pouvoir de ses devoirs moraux de gouvernant ne peut avoir pour suite que des représentations.

CHAPITRE VIII.

DES DROITS (JURA)

OU

DU DROIT DANS LE SENS SUBJECTIF.

En traitant du but du droit, nous avons démontré brièvement que l'établissement juridique maintenait l'ordre social, en perfectionnait les voies et sauvegardait rigoureusement les droits (*jura*) particuliers des hommes pris individuellement. Je vais reprendre ce dernier principe et l'examiner d'une manière approfondie. Pour ne pas me faire accuser de confusion dans mes paroles, je crois utile de prévenir que je me servirai ici de préférence des termes établissement juridique, pour indiquer le droit dans le sens objectif.

L'établissement juridique ne garantit pas seulement la personnalité humaine, la propriété, la famille ; il garantit aussi le droit de la personnalité, le droit de propriété, le droit d'avoir une famille. L'homme est sujet de Dieu et maître de son moi, avant d'être membre d'une société. Chaque homme en particulier, quelque simple, quelque petit, quelque pauvre qu'il soit, est porteur d'une puissance morale que tous les autres hommes doivent respecter. Tout homme est comme la représentation en petit, le microcosme de l'humanité ; et, à vrai dire, l'humanité, l'harmonie des sociétés humaines, n'est que la réunion nécessaire et l'agencement naturel de toutes ces puissances morales individuelles, dans l'unité du plan divin de la création. En un mot, l'homme, image de Dieu sur la terre, n'est pas seulement l'objet du devoir de ses semblables; il est aussi une cause de ce devoir.

Ces idées nous conduisent à la théorie des droits au sein de l'établissement juridique, c'est-à-dire, à la conception du droit dans le sens subjectif.

Le droit (*jus*) ou le droit dans le sens subjectif, c'est le pouvoir moral qu'a un homme, vis-à-vis de tous les autres, dans la sphère de l'établissement juridique et conformément à cet établissement lui-même. Le droit d'un homme n'a pas le caractère négatif qui est le fruit d'une simple tolérance, ni le caractère intransitif, absolu que donne la liberté; mais, au contraire, le caractère positif, transitif, actif, d'une force morale contre tout autre homme. Le contenu du droit dans le sens subjectif dérive souvent dela tolérance et de la liberté. Néanmoins on ne doit pas confondre la liberté avec le droit (*jus*); elle est tantôt plus étendue, tantôt plus restreinte que le droit (*jus*): tantôt plus étendue, car l'homme a reçu de Dieu une liberté naturelle, qui comme telle ne forme pas l'objet d'une institution juridique, par exemple, l'usage des facultés physiques, le nez pour sentir, l'estomac pour digérer, la liberté de veiller ou de dormir, etc. ; la liberté est tantôt plus restreinte, car il existe des droits, qui logiquement ne dépendent en rien de la liberté, par exem ple, le droit de vie. Scientifiquement le droit dans le sens subjectif n'émane pas de la tolérance ; car il n'est pas, à proprement parler, un acte de pure volonté, c'est un pouvoir dont la personnalité s'impose aux autres personnalités.

Le droit dans le sens subjectif ne peut donc compéter qu'à une personne et en vertu d'un ordre moral supérieur. Nous n'accordons aucun droit à une simple institution juridique, au mariage par exemple, à moins que ce ne soit par une fiction juridique conçue en faveur d'une personne. Rigoureusement nous ne pouvons pas dire que Dieu a des droits ; car ces droits ne pourraient exister qu'en vertu d'un ordre moral supérieur. Or il n'y a pas d'ordre moral supérieur à l'ordre divin. Dieu est l'ordre moral vivant ; il n'a pas de droits, il est le droit vivant.

Le droit dans le sens subjectif, c'est-à-dire, le droit de l'homme, le droit qui compète à l'homme dans toutes les situations de la vie, qui est le pouvoir inhérent à sa personnalité, forme, chez tout individu, un véritable centre juridique, qui attire et domine tout le monde extérieur, hommes et choses, suivant des degrés variant à l'infini avec les individus eux-mêmes. En ce sens, on peut dire qu'il y a autant de centres de droit qu'il y a d'hommes. C'est ce qui explique, dans tout corps de droit, la grande masse et la diversité des règles juridiques ; car la conciliation, l'agencement de ces centres nombreux de droits est une des principales tâches des ordonnateurs de l'établissement juridique.

Nous ne dirons pas que l'établissement juridique se compose de la réunion additionnée des droits des individus : ce serait, d'abord, détruire le caractère auguste et absolu de tout l'établissement juridique dans son origine universelle et objective ; et ensuite, ce serait commettre une inexactitude ; car le droit d'une nation contient encore autre chose que le règlement des droits des individus pris séparément.

Nous dirons que les droits des individus, le droit de l'homme et sa garantie forment un principe nécessaire et universel de l'établissement juridique, et un principe qui sort des sources éternelles de l'établissement juridique lui-même. En effet, l'établissement juridique est la règle de l'ordre social et il conduit la société à sa fin. Mais l'ordre social, harmonie de toutes les personnalités dans la réalisation du bien, ne s'accomplit que par le concours de tous les membres de la société. La cause et le but de cette harmonie, c'est le bien, forme absolue, élément nécessaire du droit. Il est donc facile de comprendre, que, si cette harmonie, en se déployant, sacrifiait les personnes qui en sont les moyens, si elle sacrifiait la valeur intrinsèque, le pouvoir, le droit de ces personnes, l'harmonie elle-même serait détruite et, avec elle, l'établissement juridique lui-même.

Nécessairement les droits (*jura*) sont donc nés avec l'établissement juridique lui-même, mais dans l'établissement juridique qui les enveloppe et les garantit. Il suit de là que les droits sont au-dessus de la volonté générale. Ils étaient dans le plan divin de la société. Ils sont d'origine divine.

Ces considérations rationnelles nous conduisent à une autre conséquence importante.

Les droits dans le sens subjectif ne sont la suite, ni des devoirs juridiques d'autrui, ni de notre propre devoir juridique. Ils sont originellement et immédiatement inscrits en caractères universels et ineffaçables dans l'établissement juridique lui-même. Ils compètent à l'homme, en vertu de sa seule personnalité. Dès qu'il a un souffle de vie, dans le sein même de sa mère, il a des droits. Les droits juridiques ont un but originel et indépendant de l'accomplissement des devoirs juridiques.

Toutefois, les droits ne sont pas séparés des devoirs. Les droits et les devoirs ont une source commune : l'établissement juridique lui-même. Dans la vie réelle, historique, des sociétés humaines, le droit ou le pouvoir juridique de l'homme et son pouvoir moral ont chacun une existence à part ; mais ils ne sont cependant pas en contradiction l'un avec l'autre. La volonté juridique ne veut pas autre chose que la volonté morale. Il est vrai que lors même que l'homme ne répond pas à sa véritable destination morale, il ne cesse pas cependant de jouir de sa personnalité et de ses droits ou pouvoirs juridiques. Pourquoi ? A cause de la distinction nécessaire du droit et de la morale. Dans la société civile, l'homme exerce encore son pouvoir moral sur les autres hommes, quand même il aurait cessé lui-même d'être moral. Dieu le jugera dans sa justice infinie ; mais, pour nous, nous devons respecter les droits ou pouvoirs juridiques de l'homme, là même où il en fait un usage, contraire à la morale, mais en dehors du cercle d'action de l'établissement juridique. Ainsi nous respecterons le droit de propriété, quand même le propriétaire aura fait de sa propriété un réceptacle pour ses débauches, « de peur qu'en arrachant l'ivraie nous ne déracinions en même temps le bon grain (Matth., XIII, 29). »

Les droits dans le sens subjectif ne se déduisent pas du devoir juridique ; ils sont au contraire le contenu originel, immédiat de l'établissement juridique. Ils ne sont pas le contenu exclusif de l'établissement juridique, sans quoi les devoirs juridiques n'auraient rien d'originel, puisqu'ils ne seraient que la conséquence des droits. Les droits dans le sens subjectif sont simplement contenus dans l'établissement juridique ; car l'établissement juridique ne garantit pas seulement aux hommes leur existence et leur position dans l'ordre moral et extérieur de la société : il est lui-même cet ordre moral et extérieur de la société. C'est pourquoi l'établissement juridique comprend des commandements aussi bien pour le maintien et l'intégrité des institutions juridiques que pour la sécurité des relations humaines : ces commandements contiennent des devoirs et des ordres qui obligent nécessairement, mais non des droits : par exemple, la défense de l'inceste et de la polygamie, l'institution de peines pour les infractions, etc. Aussi à chaque droit correspond un devoir juridique ;

mais à chaque devoir ne correspond pas un droit comme cause de ce devoir.

Pour un esprit noble et élevé, il est vrai, ce qui est d'ordre moral dans les relations de la vie et ce qui est d'ordre divin dans les institutions éternelles et universelles de la société, constituera aussi un droit de l'homme lui-même, en vertu de sa seule union avec les idées divines. Ainsi, par exemple, les époux, qui vivent dans un commerce incestueux, n'outragent pas seulement l'ordre moral des relations sociales et l'ordre divin de l'humanité, mais encore le droit d'autrui et leur propre droit ; le droit du parricide, c'est d'être retranché de la société humaine. Toutefois, il n'y a pas, dans ces exemples. un vrai droit de l'homme, c'est-à-dire, un pouvoir juridique exercé par une personnalité humaine, qui en soit le principe déterminant, la source première et la fin dernière. Il y a là un pouvoir juridique appartenant à la société en général et prenant sa source dans le caractère nécessaire de l'ordre moral dans le monde. Les hommes d'élite seuls y verront un droit de l'homme pour eux, tandis que les esprits vulgaires y trouveront une limitation de leurs droits.

Les devoirs juridiques qui correspondent au droit d'autrui ont un caractère tout particulier ; ils diffèrent du devoir juridique en général, tel que nous l'avons exposé précédemment, comme opposé du devoir moral. Le devoir juridique en général est celui qui nous est imposé par l'établissement juridique, quand même il ne correspondrait pas à un droit d'autrui : par exemple, la défense de l'inceste, le service militaire.

Le principal domaine des droits dans le sens subjectif est le droit privé, parce que le droit privé s'occupe surtout des individus et que le droit dans le sens subjectif est surtout l'attribut de l'individu.

Mais la position qu'occupe un homme ou l'autorité qu'il exerce dans certaines relations de droit public est son droit, en vertu de sa personnalité et suivant la nature de celle-ci. Il existe donc aussi des droits publics, c'est-à-dire, des droits qui ont un but public et qui consistent dans des actes publics. Tout droit est un pouvoir. Le droit ou pouvoir, qui a le caractère du droit public, appartient cependant toujours à la personne : il est privé, quant à son sujet et quant à sa possession, car le caractère fondamental du droit dans le sens subjectif c'est d'être l'attribut de l'individu.

Mais les relations dans lesquelles ce droit ou pouvoir public de la personnalité est actif et la fin dernière de son existence sont, comme on dit, publiques ; car c'est d'après ces conditions que se déterminent le contenu et le mode d'exercice du droit.

Les droits compètent à l'homme : soit simplement en vertu de sa seule existence comme personne, et alors le droit naît avec la personne elle-même ; soit en vertu de qualités, d'actions et de circonstances déterminées, et alors le droit ne naît qu'avec ces circonstances elles-mêmes. On appelle les premiers, droits innés ; et les seconds, droits acquis. Peut-être faudrait-il dire plus exactement : droits généraux et droits particuliers.

A la première catégorie de droits appartiennent la vie, la liberté, l'honneur et la *capacité générale* pour les droits de famille, pour les droits de propriété et pour les droits politiques. A la seconde catégorie appartiennent les droits politiques eux-mêmes.

Nous traiterons en détail des droits innés sous le titre de droit de la personnalité humaine ou droit de la personne.

On parle souvent d'une division des droits toute autre que la précédente, en droits primitifs ou naturels et droits hypothétiques, réels ou positifs, c'est-à-dire, en droits généraux ou particuliers, tels qu'ils devraient appartenir à l'homme, considéré théoriquement, et droits qui appartiennent effectivement, réellement, à l'homme dans un temps donné. Les philosophes et jurisconsultes allemands de l'école subjective confondent cette division avec celle que j'ai donnée tantôt. Ils confondent les droits primitifs avec les droits innés, et aux droits primitifs ils opposent les droits acquis qu'ils considèrent comme le résultat de l'imperfection de l'établissement juridique en vigueur.

La théorie de la révolution française, au contraire, maintint clairement cette dernière opposition, mais elle la conçut erronément Par « droits de l'homme », elle entendait ceux qui sont en vigueur *ipso facto*, des droits qui, suivant ses théoriciens, n'ont besoin d'aucun secours du droit positif , et dont la légitimité et la force obligatoire juridiques ne peuvent être tirées du droit positif, ni limitées par lui. L'antithèse des « droits de l'homme » serait donc l'ensemble des « droits nés du droit positif ». Ceux-ci, en cas de conflit avec les premiers, n'auraient plus aucune valeur. Quelques-uns voulaient même les abolir complétement, pour ne plus laisser debout que les droits de l'homme. Ainsi entendue, la notion du droit primitif ou des droits de l'homme est erronée. C'est ce que je vais démontrer.

Entre les droits dits primitifs et les droits nés du droit positif, il n'existe aucune opposition, pas plus qu'entre le droit rationnel naturel et le droit positif. De par la nature et de par la raison, l'homme a nécessairement des droits, tout comme la société a nécessairement un établissement juridique; mais c'est toujours et nécessairement le droit positif qui détermine quels sont les droits que l'homme possède dans la société. Ce droit positif peut être irrationnel, injuste même ; mais, d'après lui seul se décide ce qui est juridique, légal. Ainsi, par exemple, avant la révolution française, toutes les prétentions qu'on déduisait de la théorie que je combats, prétentions des serfs et des tenanciers au complet affranchissement de leurs personnes et de leurs tenures , prétentions du tiers-état à l'égalité politique avec l'ordre de la noblesse, prétentions des masses populaires à une participation à la souveraineté, etc., n'étaient, abstraction faite de leur légitimité et de leur valeur théorique ou pratique que nous n'avons pas à discuter ici, n'étaient, dis-je, en aucune façon des droits effectifs, des droits déjà en vigueur, sanctionnés par la contrainte juridique et vis-à-vis desquels on eut pu considérer juridiquement les autres droits existants comme antijuridiques et illégaux.

D'ailleurs, cette notion même du droit primitif ou des droits de l'homme, ainsi expliquée, n'est pas la notion du véritable droit primitif. Certes, elle renferme des principes qui doivent être réalisés partout, toujours et sans réserve, comme, par exemple, l'abolition de la servitude et de l'esclavage ; mais elle contient aussi des prétentions, qui, d'après l'idée générale du droit, ne sont pas même raisonnables, ni surtout réalisables, comme, par exemple, l'égale participation de tous à la souveraineté. Quel est le Français, je ne dis pas instruit et bien élevé, mais le Français quelconque, qui consentirait à partager la souveraineté de la nouvelle Calédonie avec les citoyens calédoniens, ou, s'il s'en rencontrait un qui, par dévouement à une abstraction, acceptât un tel honneur, croyez-vous sérieusement qu'il saurait persévérer dans cette action héroïque ? Je ne le crois pas.

D'autre part, les droits, que proclame la théorie française des droits de l'homme, ne suffisent pas, à beaucoup près, pour épuiser le nombre de ceux qui compètent à l'homme, considéré théoriquement et abstractivement. Comme l'ont fait observer avec raison les modernes théoriciens du communisme, avec cette égalité purement formelle des droits politiques, qui constitue le contenu des « droits de l'homme », l'individu, le citoyen pris individuellement pourrait parfaitement mourir de faim et retourner à la barbarie. Le VRAI droit de l'homme qui compète à l'homme comme personnalité, considérée à un point de vue absolument idéal, n'est pas seulement la plus complète liberté et capacité politique, mais c'est encore la satisfaction la plus entière de ses besoins physiques et le perfectionnement le plus élevé de son esprit. C'est pourquoi le « droit primitif » n'a jamais été réalisé et ne le sera jamais : il est susceptible d'une réalisation successive et de plus en plus parfaite, mais ne sera jamais réalisé d'une manière complète. Évidemment la société civile doit tendre, d'une manière permanente, à la réalisation de plus en plus complète de « l'idée du droit primitif » ; mais elle ne peut « revendiquer » le droit primitif, car elle ne l'a jamais possédé.

Au surplus, la théorie allemande des droits primitifs est encore moins satisfaisante que la théorie française des droits de l'homme. Par suite de la confusion, que j'ai indiquée précédemment, elle prend, comme contenu du droit primitif, les droits innés seulement, c'est-à-dire, de simples possibilités. Elle arrive ainsi à ce résultat, que, le droit primitif ne consiste que dans une négation (ne pas être moyen, ne pas être chose); ou à cet autre résultat que le droit primitif ne réside que dans la capacité abstraite de pouvoir obliger conventionnellement autrui à ce à quoi on peut être obligé envers lui (Kant).

La question de l'inaliénabilité des droits était un corollaire de la théorie des droits de l'homme. Disons-en quelques mots.

L'aliénabilité et la libre disposition des droits sont subordonnées à la question de savoir, s'ils compètent à l'homme pour une situation moralement nécessaire, ou pour la satisfaction de ses besoins ou tout simplement pour l'exercice de sa liberté. On ne peut donc procéder à l'aliénation ou disposer librement, non seulement des droits innés (vie, liberté, honneur, etc.), mais encore de beaucoup de droits acquis ou particuliers, tels que, par exemple, le droit matrimonial, la puissance paternelle, etc., car ces droits contiennent en même temps des devoirs. Sans doute, ils constituent, comme on disait autrefois, une *potentia activa*, puisque chaque droit, nous l'avons prouvé, est un pouvoir inhérent à l'homme même et interdisant à autrui sa lésion ; mais ils ne sont pas, au moins dans chaque cas, une simple *facultas*. Voilà, dans toute sa simplicité, le principe de la fameuse question de l'aliénabilité des droits.

Par aliénabilité ou inaliénabilité des droits, certains écrivains entendent tout autre chose. Ils limitent la question à un domaine spécial et étroit en comparaison de la vaste sphère du droit. Ils se demandent si certains droits, principalement le droit de gouverner et de faire des lois, peuvent juridiquement manquer à l'homme, c'est-à-dire, à la grande majorité, dans l'organisation de la société civile. Puis, en partant de cette erreur étrange, que, l'organisation de la société civile repose sur un contrat, ils considèrent ce manque de droits comme une aliénation, et alors on prétend trancher la question en recherchant si ces droits appartiennent au droit primitif dans le sens indiqué plus haut. Cette théorie et ce mode de conclusion ne résistent pas à l'examen, pour des motifs suffisamment indiqués.

A propos du droit de la personne, nous traiterons la question : jusqu'à quel point une capacité de droits limitée est admissible d'après les principes généraux du droit.

Les causes de la naissance et de la cessation des droits varient à l'infini, suivant la nature de leur contenu et suivant la sphère de la vie sociale dans laquelle ils doivent s'exercer. Ces causes peuvent être ramenées à deux vastes divisions, d'après la division naturelle de toute organisation juridique en droit dans le sens objectif et droit dans le sens subjectif. Ainsi les droits naissent :

1° Par la volonté et le fait, soit de l'ayant-droit lui-même, soit d'autrui, soit à la fois de l'ayant-droit et d'autrui. Par exemple, occupation, testament, contrat, délit, décret du pouvoir exécutif, élection nationale, etc.

2° D'eux-mêmes, par suite d'événements ou de circonstances donnés (*accessio*, *versio in rem*, naissance, parenté, etc.) ; spécialement comme suite et résultat d'un rapport de droit plus étendu, volontaire ou de fait, par exemple, le droit aux aliments pour l'enfance. La naissance du droit est là le fruit de la liberté humaine ; ici, le droit est procréé « immédiatement par la loi (*lege*). »

Ce n'est que dans ce dernier sens qu'il est exact de parler, avec les Romains et beaucoup de jurisconsultes modernes, de successions légales, d'obligations légales, comme d'une classe de droits à part ; car, en dernière analyse, l'autre classe de droits repose aussi sur la loi.

Une cause, plus générale encore, de la naissance et de la cessation des droits, est la prescription.

La prescription est profondément enracinée dans l'essence du droit. La racine du droit est double : il git dans la conscience publique, à l'état intelligible ; et il est réalisé dans la vie sociale extérieure, à l'état concret. Or, le temps et l'usage positif ou négatif, continué sans interruption pendant le cours des temps, exercent une influence puissante sur ces deux fondements de l'établissement juridique. Ils agissent, aussi bien sur la conscience et l'habitude des hommes, que sur l'expression de cette conscience et de cette habitude dans la vie extérieure, et principalement sur les relations sociales des hommes entre eux, en confondant, mélangeant, cimentant une quantité de rapports de droit véritables avec un grand nombre de faits ou d'affaires de bonne foi et basés sur l'usage non-interrompu. C'est ainsi que l'état de prescription se transforme en un état de droit strict, d'une manière analogue à la transformation de la coutume en droit. Cette action du temps et de l'usage dans le droit n'est pas seulement utile, elle est nécessaire; elle empêche la production du désordre dans la vie sociale; voilà pourquoi la prescription est un vrai principe juridique. Aussi elle s'exerce dans presque tous les domaines de l'établissement juridique, par exemple, il existe une prescription pour le droit de propriété, pour les droits réels, pour les plaintes, pour les peines, pour les droits régaliens eux-mêmes, pour l'usurpation des trônes; dans le droit germanique, il existe même une prescription pour les titres supérieurs de noblesse par l'usage de bonne foi jusqu'à la troisième génération.

La durée du temps de la prescription doit nécessairement varier avec les diverses espèces de droits prescriptibles. Pour les droits, qui ont un caractère public, elle est d'ordinaire le temps du souvenir général des hommes, *quod memoriam excidit*, ou, avec plus de précision, l'espace de temps qui comprend la vie de trois générations (voy. Savigny, *Syst.*, IV, 481 sq.; Homeyer, *Sachsensp.*, II, 2, p. 305 et 643).

La prescription s'établit, avons-nous dit, comme la coutume. Toutefois, il ne faut pas puiser, dans cette analogie, un argument pour combattre la légitimité du droit coutumier par les conséquences respectives des deux institutions comparées. La prescription a pour les droits dans le sens subjectif le même fondement et la même signification qu'a la coutume pour le droit dans le sens objectif. La prescription et la coutume diffèrent donc comme les droits dans le sens subjectif et l'établissement juridique social ou le droit dans le sens objectif.

Les philosophes et les jurisconsultes de l'école subjective ne peuvent concevoir la naissance des droits que par la libre volonté de l'acquéreur et de ceux qui doivent être obligés par le droit à naître. Pour eux, la prescription sera une création du droit positif; et elle ne sera pas, comme ils disent, de droit naturel. Mais alors disparaîtra aussi le caractère réellement juridique de la *in rem versio*, de l'obligation qui naît de la *negatiorum gestio*, de la *condictio sine causa*, de la succession *ab intestat* elle-même et de bien d'autres institutions sociales. On objecte contre la valeur juridique « naturelle » de la prescription que la mesure de cette institution n'est pas donnée par la raison ; mais cette objection repose sur ce faux principe que toutes les autres institutions juridiques auraient déjà une forme précise, déterminée, concrète, rien que par leur idée spéculative ou abstraite. On objecte encore que le droit de l'individu ne peut cesser sans son consentement. Eh bien ! si cela était, la prescription serait une institution injuste, et il faudrait la rayer, non-seulement « du droit naturel », mais aussi et surtout du droit positif. D'ailleurs cette objection est inutile, car les droits qui reposent sur la volonté de l'ayant-droit exigent aussi pour subsister la persévérance non-interrompue de cette volonté ou au moins la volonté actuelle de l'ayant-droit. Si, en tenant compte, comme il faut le faire, de la nature contingente, relative et finie de l'homme, on ne peut exiger de lui une conscience non interrompue et une revendication permanente de son droit, au moins le silence complet, l'inactualité de cet homme, comme disent les Allemands , doivent avoir une limite qui conduit à la suppression et à la perte du droit.

CHAPITRE IX.

DE LA JUSTICE CIVILE ET DE L'ÉQUITÉ.

L'être doit nécessairement aller à sa fin, le bien. Mais l'acte de volonté libre, le mouvement, par lequel l'être va à sa fin, est plus ou moins adéquat à l'idée du bien, plus ou moins direct, plus ou moins droit.

Dans toutes les langues du monde, l'être qui va droit à sa fin s'appelle juste. Cette pensée contient le résumé de toute l'analyse philosophique de la justice.

La justice, c'est l'application de la loi universelle de l'être, de la règle immuable du bien. C'est le rapport de l'être à sa loi fondamentale, le bien. Un homme est plus ou moins juste, suivant qu'il réalise plus ou moins le bien ; un acte est plus ou moins juste, suivant qu'il est plus ou moins conforme à la règle immuable du bien.

Dieu est le Juste par excellence, parce qu'il est le bien vivant. La vie divine est infiniment juste, parce que la volonté de Dieu s'attache de toute éternité et par un acte toujours identique au bien en soi conçu par son intelligence. L'intelligence divine connaît tous les êtres possibles à tous leurs degrés possibles et avec toutes leurs modifications possibles ; la volonté divine s'attache à tous les êtres possibles et les aime tous et chacun suivant le degré de perfection qu'ils représentent ; par un acte éternel et toujours identique, tous ces êtres connus et aimés par Dieu sont ramenés par l'intelligence divine à l'unité de la vie divine. Cet acte, ce jugement, cette application éternelle et toujours la même de la règle éternelle du bien à tous les cas possibles, c'est la justice éternelle. Et comme le Juge unique infiniment savant et parfait de ce tribunal éternel et sans appel autre que sa miséricorde est la personnalité infinie, la vie à sa source, sa justice est une, absolument parfaite, infiniment indulgente, personnelle, vivante.

Le bien est donc la source de la justice. Cela devait être ; car le bien est le premier principe du droit.

La justice, c'est le droit en action. Cela devait être ; car le droit en action, c'est la réalisation constante du bien ; là où est le bien, là est la justice.

Le bien, le droit et la justice forment une trilogie parfaite. Ils sont inséparables dans la pensée comme dans la nature des choses, parce qu'ils sont la substance et la manifestation de l'être. L'être sans le bien implique contradiction ; le bien s'impose à l'être, et alors il s'appelle droit ; et ce commandement suprême, basé lui-même sur la justice, enfante aussi la justice. Le bien, c'est le droit et la justice. Le droit, c'est le bien et la justice. La justice, c'est le bien et le droit.

La langue, qui est le signe de la pensée, reflète cette association naturelle d'idées. On dit d'un homme d'élite : c'est un homme de bien, c'est un homme droit, c'est un homme juste.

Dans l'ordre fini, créé, historique, des choses, une décision peut être légalement juste et cependant ne pas être conforme au bien. Ce fait, fruit de l'imperfection des choses humaines, loin de détruire les vérités, que j'essaie d'exposer ici, les confirme. Quelle est en effet la raison suprême du droit? c'est la réalisation du bien. Une nation qui a publié une loi est censée (car la bonne foi se suppose toujours) avoir voulu réaliser le bien. Si donc cette loi ne réalise pas le bien, c'est que la nation s'est trompée d'objet; mais, logiquement, elle ne s'est pas trompée d'intention. Une fois que cette loi, même contraire au bien, existe, elle vaut comme droit et il faut lui obéir. Le juge doit l'appliquer ; et s'il l'applique exactement, la sentence sera juste. *Summum jus summa injuria* (Cic., *de of.*, I, 10).

La justice, disais-je, est le rapport de la loi universelle de l'être aux actes de l'être. La justice, prise dans son sens le plus étendu, n'est donc pas exclusivement du domaine du droit proprement dit : l'idée qu'elle représente a une application universelle. Elle s'applique à l'ordre moral comme à l'ordre social, au monde spirituel comme au monde physique. Nous appliquons l'idée de justice, chaque fois que nous mesurons la direction d'une chose ou d'un être vers sa fin ou son bien.

Dans l'ordre moral, nous disons, pour indiquer le vol de l'âme vers sa fin suprême : *Sursum corda, vere dignum et justum est.*

Dans l'ordre spirituel, nous répondons d'instinct à ceux qui redressent nos erreurs et qui nous ramènent dans la direction de la vérité, qui conduit au bien : c'est juste !

Dans l'ordre physique, nous affirmons d'un rouage mécanique qu'on pose à la place qu'il doit occuper pour répondre à la fin du mécanisme : il est à sa place, il est juste. *All right,* crient les Anglais.

La justice est donc l'attribut universel de l'être. « La vie, dit Salomon, est dans le sentier de la justice (Prov., XII, 28). » Mais les êtres personnels seuls se font justes, parce qu'ils sont seuls libres :

les autres sont faits justes, parce qu'ils obeissent à une loi fatalement obligatoire, œuvre directe ou indirecte d'un être personnel.

S'il n'y avait pas d'être personnel, il n'y aurait pas de justice. Pour le matérialiste, le panthéiste ou l'athée, il n'y a pas de justice, parce que, pour lui, il n'y a pas de substance personnelle, et que là où il n'y a pas de substance personnelle il n'y a pas de liberté et, par conséquent, pas de moralité.

Dans la substance impersonnelle, la justice s'appelle Némésis, fille de la Nécessité et petite-fille de la Fortune. La justice véritable est fille du ciel et de la liberté : c'est pour ce motif peut-être que la mythologie grecque donne pour parents à Thémis, Cœlus et la Terre.

La justice a deux termes, l'un absolu et l'autre relatif. C'est pourquoi elle se manifeste de deux manières. Elle s'exerce d'abord de haut en bas en descendant vers le monde fini. Elle s'élève aussi de bas en haut en s'élançant du fini vers l'absolu. Je vais expliquer cette pensée d'une autre manière encore.

L'existence du droit est basée sur l'empire logiquement nécessaire de la règle éternelle et immuable du bien, c'est-à-dire, sur la nécessité logique de la réalisation sociale du bien. Cette action absolue du bien, qui engendre le droit considéré comme institution sociale ou le droit dans le sens objectif, est un acte de souveraine justice, puisqu'elle a sa racine dans l'ordre absolu; car la règle du bien s'impose avec une autorité absolue. Cet empire absolu et inviolable du bien qui s'exerce de haut en bas, c'est la justice dans le sens objectif. Voilà pourquoi nous appelons souvent, par dérivation, les tribunaux du nom général de justice.

D'autre part, les hommes sont libres : ils obéissent librement au commandement du bien; et en réalisant le bien, ils posent des actes justes. Cette réalisation constante du bien, cet accomplissement inaltérable des commandements, émanés de la règle absolue du bien, c'est la justice dans le sens subjectif. Voilà pourquoi nous disons d'un homme de bien : il pratique la justice, il aime la justice.

Ces arguments font comprendre ce qui manque à la définition de la justice dans le droit romain. « *Justitia est constans et perpetua voluntas jus* « *suum cuique tribuendi* » (Ulpien. *Fr.* 10, *fr.*, D., *de just. et jure*, I, 1). Cette définition ne renferme que la justice dans le sens subjectif, conformément au principe général et subjectif du droit romain.

Ceux qui veulent acquérir une connaissance, pour ainsi dire sensible, des deux manifestations de la justice, peuvent lire le plus ancien livre du monde, antérieur même au Pentateuque, le livre de Job et les Psaumes, les Proverbes et l'Ecclésiaste.

La justice, contemporaine du premier principe du droit, préside à son évolution et se confond avec sa fin. Elle est comme l'atmosphère du droit.

Avant de terminer ces considérations générales, faisons brièvement une dernière distinction.

C'est la justice dans le sens objectif qui seule doit attirer ici notre attention ; car la justice dans le sens subjectif se confond, en quelque sorte, avec le devoir.

Si la justice, considérée objectivement et dans son acception la plus générale, est le règne inviolable et absolu du bien, dans le monde surnaturel comme dans le monde naturel, elle est une institution éternelle de l'essence immuable des choses. Mais l'homme, sa personne et son droit sont aussi des institutions éternelles de cette même essence immuable des choses. Aussi le pouvoir de la justice se manifeste dans le monde de deux manières :

Comme pouvoir tutélaire, en garantissant l'inviolabilité du droit considéré comme institution sociale et celle des droits dans le sens subjectif ; en d'autres termes, en garantissant l'établissement juridique de la société et les droits des individus ;

Comme pouvoir distributif, en récompensant l'accomplissement libre de la règle du bien et en en punissant la transgression volontaire et libre.

Cette double manifestation du pouvoir de la justice nous révèle encore une fois l'empire éternel et absolu de l'ordre éthique.

La justice sociale (civile, criminelle, commerciale, etc.) est la sanction de la réalisation du bien dans la société et l'ordre civils. Elle est un élément de détermination pour la formation originelle du droit, qu'elle sauvegarde, maintient, garantit et sanctionne en le couvrant de son égide et en distribuant les peines et les récompenses.

Le pouvoir tutélaire de la justice civile est provoqué par le trouble des droits d'autrui. Ce trouble est négatif ou positif : négatif, quand le devoir juridique n'est pas accompli, par exemple, refus d'une prestation due, non livraison d'un objet de droit, etc. ; positif, quand le droit d'autrui est lésé, par exemple, dégradation de la chose d'autrui. La fonction de la justice est, dans le premier cas, d'imposer l'accomplissement du devoir juridique, dans le second cas, d'imposer la réparation de la lésion du droit, dans les deux cas, de faire intervenir la contrainte, s'il y a lieu.

Dans la lésion, le fait de celui qui trouble est la considération décisive. Dans le non-accomplissement du devoir juridique, c'est le droit ou pouvoir juridique du troublé qui est la considération décisive. Aussi, dans l'appréciation de la lésion ou part de l'imputation (*dolus*, *culpa*), mais non dans l'appréciation du non-accomplissement. Mais l'état de non-accomplissement, maintenu volontairement, peut se transformer en lésion.

Le non-accomplissement et la lésion ne sont pas, en principe, du domaine de la justice distributive ; ils ne nous apparaissent pas comme directement dignes de peine. Il est vrai, tout trouble réfléchi et volontaire du droit d'autrui et spécialement la lésion du droit d'autrui outragent les commandements de l'établissement juridique, et la transgression des commandements juridiques est, d'après les principes éthiques du droit, une infraction à l'ordre social, infraction qui réclame une peine. Mais, comme la société civile, en sa qualité d'ordre tout-à-fait extérieur, n'exige pas pour elle le sentiment intérieur de ses membres, il n'y a pas lésion de son ordre, quand un homme ne preste pas volontairement ce qu'il doit et s'y laisse contraindre, que cette prestation consiste dans l'accomplissement d'un devoir juridique ou dans la réparation ordonnée d'une lésion.

Le pouvoir distributif de la justice civile est provoqué par la lésion de l'ordre civil comme tel. Il y a lésion de l'ordre civil, quand l'infraction atteint, soit un objet juridique non restituable, par exemple, la vie, la constitution de l'État ; soit un objet juridique restituable, mais de telle façon que le coupable tende précisément à se dérober à l'action de la puissance publique chargée d'amener la restitution, par exemple, vol, fraude criminelle. Ici il n'y a plus l'attente passive de la contrainte, mais l'action positive d'éluder et par conséquent d'annihiler l'établissement juridique. Voilà la notion du crime ou plus exactement de l'infraction criminelle. D'après la justice, la conséquence de l'infraction criminelle est la peine comme restitution de l'établissement juridique lésé.

Le pouvoir tutélaire de la justice, quand il est provoqué, n'impose à celui qui trouble qu'un commandement ; par exemple, il le condamne à accomplir son obligation ou il fixe la forme, le *quantum* etc., de la restitution. Si le condamné obéit volontairement à ce commandement, la puissance publique n'intervient plus, parce qu'il ne s'agit plus alors que de la satisfaction donnée au troublé.

Au contraire, le pouvoir distributif de la justice, quand il a été provoqué, exige que la restitution ait lieu entièrement par l'intermédiaire de la puissance publique, parce que ce n'est que par elle que la souveraineté de l'ordre civil peut se maintenir au-dessus de l'infracteur : la peine n'est donc peine que parce qu'elle est infligée par le pouvoir social.

L'équité est le contraste et non l'antithèse de la justice civile.

L'essence de la justice civile, c'est de maintenir invariablement une organisation juridique donnée, la loi et les droits. L'essence de l'équité, au contraire, est de faire abstraction de toute organisation juridique donnée, de toute loi et de tous droits et de restituer simplement parmi les parties l'égalité du désavantage et de l'avantage (*aequum*). Leibnitz dit assez exactement : « *Aequitas vel* « *aequalitas*, *id est*, *duorum pluriumve ratio vel* « *proportio consistit in harmonia seu congruentia* « (*Nova Methodus*, p. II, § 7). » Ainsi, par exemple, quand la Loi mosaïque ordonne, que, si le bœuf de l'un tue le bœuf de l'autre, le bœuf mort et le bœuf vivant soient la propriété commune des deux propriétaires, elle pose un principe d'équité. Le droit ou pouvoir juridique du propriétaire du bœuf vivant n'entre donc pas ici en considération ; et cependant, d'après la justice civile, ce droit devrait être garanti, tant que son possesseur n'a rien fait pour le perdre.

Cette égalité du désavantage et de l'avantage, qui est le caractère essentiel de l'équité, peut être une égalité quantitative absolue ou une égalité proportionnelle, suivant les besoins des parties, le degré de leur faute dans un dommage causé, etc

Sous le nom d'équité, on se livre souvent à des considérations qui sont plutôt du domaine de la justice civile proprement dite.

Ainsi, par exemple, les Romains rangeaient dans le domaine de l'équité des institutions ou des préceptes juridiques, fondés sur la justice, mais passés sous silence dans le droit positif par suite des limites nécessairement contingentes de ce dernier. Ils opposaient leur système d'équité (*bonum et aequum*) au système du droit strict (*jus strictum*). Exemple : la compensation, l'exception de ruse, etc.

Le savant M. Merlin (*Répertoire univ. et raison. de jurisprud.*, 5e édit., 1826, t. XI, au mot *Équité*) donne de l'équité une définition analogue. « Quel-« que profond, dit-il, que soit un législateur, il « lui est impossible de prévoir tous les cas parti-« culiers relatifs à la loi qu'il publie ; il faut que « les juges, après en avoir bien pénétré l'esprit,

« trouvent dans leur équité le supplément à cette « loi, et qu'ils décident de leur chef, comme le « législateur lui-même aurait décidé. »

Après ce que nons avons dit de la coutume, du droit scientifique et de la jurisprudence, je n'ai plus besoin de repéter que ce n'est pas là de l'équité ; car alors l'équité, dépendant de la conscience subjective, serait la chose la plus funeste qui se puisse imaginer. Quand le juge décide en cas d'insuffisance, obscurité ou silence de la loi, il pose un acte de justice, il fait preuve de science juridique, et non d'équité.

Souvent aussi on désigne, sous le nom d'équité, la bonté du juge qui, en présence d'un fait accompagné de circonstances atténuantes, applique une peine moindre, conformément à la loi qui lui laisse le choix du degré de la peine entre deux limites déterminées. Mais cet acte du juge n'est pas d'équité ; il est de justice.

L'équité civile a pour fondement principal, soit

l'égalité originelle et abstraite des hommes quant à la capacité juridique, soit l'égalité d'amour qui doit régner entre tous les hommes. De ces principes émane une mesure égalitaire d'appréciation, chaque fois que la loi, un droit ou un fait basé sur un droit n'est pas la cause d'une préférence. Par ces principes fondamentaux l'équité est de nouveau unie à la justice : elle consiste simplement à faire abstraction des causes de préférence que je viens d'énumérer. C'est pourquoi les décisions par équité sont propres aux cas dans lesquels ces causes de préférence font défaut : ainsi, par exemple, dans le règlement des bornes dérangées et dans les cas pour lesquels les Romains avaient coutume d'instituer une pluralité de juges (*arbitri, recuperatores*). Mais dans les cas, où les causes citées de préférence existent, la décision par équité contient une lésion de la justice civile : dans ces cas, l'ayant-droit seul peut renoncer à son pouvoir juridique et consentir à l'appréciation par équité. L'équité n'est appelée qu'à combler les lacunes de la justice civile. Nous n'attribuons pas d'équité à Dieu, parce que sa justice a tout prévu.

Dans la formation des règles particulières de l'établissement juridique, le législateur peut suivre le principe de la justice ou le principe de l'équité. L'activité judiciaire des tribunaux peut donc, dans certains cas déterminés, être dirigée vers les principes de la justice ou vers les principes de l'équité. Je fais cette remarque, parce qu'elle aide à marquer avec précision le caractère particulier de l'équité civile.

Le principe de la justice ne s'exprime différemment, par rapport à la législation et par rapport à l'activité judiciaire, qu'en ceci : c'est que, par rapport à la législation, il consiste dans la réalisation de chaque institution de droit d'après son idée rationnelle et conformément au premier principe du droit ; et que, dans l'activité judiciaire, il réside dans l'application complète des préceptes du droit positif et de lois déterminées réalisées conformément au premier principe du droit et d'après leur idée rationnelle. Mais aux deux points de vue la garantie du pouvoir juridique des parties est le même.

Mais, quand l'activité judiciaire des tribunaux est dirigée vers les principes de l'équité, toute règle objective de décision, c'est-à-dire, toute règle exprimant la décision nationale manque, puisque l'égalité du désavantage et de l'avantage ne s'adresse qu'à des cas donnés. Le juge est donc réduit à n'émettre que son avis personnel. Il n'est plus juge, mais arbitre.

CHAPITRE X.

DU DROIT CONSIDÉRÉ AU POINT DE VUE SYNTHÉTIQUE (1).

On entend par rapports de droit les éléments naturels de la vie sociale qui forment l'objet de la législation : par exemple, le mariage.

On appelle institutions de droit ces rapports eux-mêmes, en tant qu'ils ont reçu une organisation juridique.

Puisque le Droit, dans sa forme générale, est la règle de la vie sociale des hommes, le droit

(1) J'ai emprunté ces idées et celles du chapitre suivant à Stahl.

Elles ne répondent pas aux classifications ordinaires des jurisconsultes et des philosophes français ; mais elles donnent, me paraît-il, du Droit une analyse profonde et saisissante.

considéré à un point de vue synthétique ou, comme disent les Allemands, le système du droit (σύστημα, de συν-ιστημι, assemblage, ensemble d'une doctrine) est l'ensemble des relations sociales dans leur ordre juridique, c'est-à-dire, la réunion organique des rapports de droit et des institutions de droit. C'est une complexité de faits, de relations de faits et de leurs normes juridiques, qui tous ensemble forment, par l'unité de leur fin dernière, un tout indissoluble. Ainsi, par exemple, le rapport de droit, appelé gage, et l'institution de droit, nommé droit de gage, ont pour fin de donner une garantie au créancier au moyen d'objets de propriété : de l'unité de cette fin dernière sortent, comme d'un tout indissoluble, les divers principes du droit de gage : la nature accessoire du gage, la restriction du droit du créancier à la simple aliénation de l'objet du gage, la différence des gages mobiliers et des gages immobiliers, les règles sur la priorité d'un créancier déterminé, etc.

Chaque institution de droit, considérée en elle-même, formant une règle juridique déterminée, le droit, qui est la règle générale de la vie sociale des hommes, se divise ainsi en règles particulières, c'est-à-dire, en institutions de droit.

Ces considérations nous permettent de déterminer le mode, d'après lequel le droit, considéré comme puissance morale, se combine avec le mouvement des relations sociales. Le droit s'attache à ces relations, en fait sa matière concrète et leur donne une empreinte morale ; il se meut progressivement au milieu des relations sociales, comme sur sa base concrète. Cette action naturelle est soumise à une loi de réciprocité. La même fin vers laquelle tend l'établissement d'une règle juridique agit déjà auparavant dans les relations concrètes de la vie, auxquelles on donne l'empreinte juridique ; et réciproquement l'établissement d'une règle juridique produit, à son tour, pour l'avenir, une multitude de faits concrets nouveaux. Le fait et le droit, c'est-à-dire, ce qui est rapport de droit et ce qui est institution de droit, ne sont donc pas à séparer, mais seulement à distinguer. L'action générale du droit règne, si l'on veut, dans les institutions de droit ; mais alors il ne faut pas oublier que ces dernières ont les relations naturelles de la vie sociale pour antécédent et pour point de départ. De là suit, que, la synthèse du droit est la réunion successive des institutions de droit, ou la réunion successive des relations sociales en tant qu'elles ont reçu une empreinte juridique.

Pour déterminer la succession des institutions de droit, il importe de savoir quel est, dans leur action réciproque, l'ordre des relations sociales, d'abord, et des institutions déjà juridiquement actives, ensuite. Peu importe qu'elles soient logiquement plus simples ou plus complexes. Ainsi, par exemple, le droit privé précède naturellement le droit public, la personnalité humaine le droit sur les biens, le mariage la puissance paternelle, le droit de famille le droit de succession.

Mais, dans tout organisme, un élément n'est jamais exclusivement la condition antérieure d'un autre élément : au contraire, il est, à son tour, du moins pour accomplir sa fin, conditionné, si j'ose me servir de cette expression peu française, par l'autre membre. Ainsi, par exemple, quoique le droit privé précède le droit public, cependant l'État nous apparaît comme élément de détermination et de formation même pour le droit privé.

D'autre part, les divers rapports de droit produisent toujours, par leur réunion, de nouveaux rapports. Ainsi, par exemple, du droit sur les biens et du droit de famille réunis résulte le droit de succession ; la combinaison du droit sur les choses et du droit d'obligation produit le droit de gage. Ces institutions de droit ont donc une double racine.

Le temps ou l'histoire change la synthèse du droit comme son contenu. Le droit de chaque nation, le droit d'une nation à chaque époque, a sa synthèse particulière. Mais le caractère fondamental de la synthèse du droit, à savoir, qu'il est une réunion organique d'institutions de droit, ne change jamais. Voilà pourquoi l'établissement juridique de tous les peuples, du moins de tous les peuples civilisés destinés à persévérer comme sociétés, doit se composer des mêmes fondements juridiques. Ces derniers sont seulement développés et modifiés par chaque peuple suivant son caractère spécial et selon le temps et l'espace.

Nous avons déjà déterminé indirectement la place qu'occupent dans la synthèse du droit les droits dans le sens subjectif. En vertu du respect dû à la personnalité, ces droits réagissent sur les institutions de droit, au milieu desquelles ils se déploient. Mais partout et toujours, l'étendue du pouvoir juridique qu'ils engendrent est déterminé par la nature même des institutions de droit. Ainsi l'ensemble de l'établissement juridique ne peut pas trouver son principe supérieur et sa synthèse dans le pouvoir juridique engendré par les droits dans le sens subjectif. Cela est vrai même dans le droit romain, où le pouvoir juridique subjectif est, plus que dans toute autre législation, un principe indépendant, souverain et, à plus d'un égard, complètement soustrait à l'empire de considérations supérieures.

Dans la synthèse du droit, telle que la conçoit l'école du rationalisme subjectif, le droit privé est une collection de droits et le droit public une réunion de pouvoirs. De cette manière toute la synthèse du droit serait ramenée à l'individu possesseur de droits. Le classement théorique aurait alors pour catégorie dans le droit privé, l'objet des droits (droits sur les choses, actions, personnes), et, dans le droit public, la forme d'activité du pouvoir (législatif, judiciaire, exécutif). Cette synthèse du droit manque d'un accord logique entre ses diverses parties.

Le droit public et le droit privé sont bâtis sur des notions différentes, et dans le droit privé la catégorie de l'objet des droits ne peut être admise. Ainsi, par exemple, la propriété et les servitudes ont le même objet, la chose, et ne se distinguent que par leur contenu, c'est-à-dire, par les actions inhérentes à l'objet du droit; le droit de gage se distingue de nouveau par sa nature conditionnelle, son caractère accessoire, etc. On affirme, il est vrai, que dans la propriété l'objet du droit est la chose, tandis que dans la servitude l'objet du droit est l'usage de la chose; mais on devrait dire plus exactement que l'objet du droit est, dans la propriété, l'usage absolu de la chose et le pouvoir absolu d'en disposer et, dans la servitude, l'usage relatif et spécial de cette chose. Il n'y a pas réellement ici une différence dans l'objet des deux droits : il n'y a qu'une différence de degré dans le contenu.

La synthèse du droit, conçue par les jurisconsultes de l'école du rationalisme subjectif, ne répond donc pas aux exigences d'une saine logique. Car son principe de classement, le droit dans le sens subjectif ou les divers objets de droit, n'est pas en rapport avec les fins diverses des institutions de droit. Ainsi, par exemple, ce n'est certainement pas à cause de la différence de l'objet que les enfants ne peuvent être déshérités : c'est évidemment à cause de la nature de la succession, comme institution de droit.

Enfin cette théorie se résume en une simple classification. Elle ne montre pas ce que le mot synthèse lui-même contient, c'est-à-dire, un ensemble, une liaison organique. A l'aide de cette théorie, on ne peut concevoir comment serait établi « le rapport organique des droits entre eux et avec le Tout dont ils sont les membres, » ainsi que le prétend Puchta (Pandectes, 1re éd., VI). Car ce tout n'est autre chose que l'établissement juridique lui-même. En partant de l'établissement juridique, donc des institutions de droit, on arrive naturellement et même nécessairement aux droits (*jura*); mais en partant des droits on ne peut jamais arriver aux institutions de droit, car ainsi on ne concevra qu'une pluralité de droits. Loin d'arriver à une théorie claire et nette sur les institutions de droit, on en détruirait donc la liaison naturelle. Ainsi, par exemple, on devrait, pour être logique, distribuer dans diverses classes le droit de succession et le droit de tester; le legs devrait paraître dans la classe du droit de chose et dans celle du droit d'obligation.

L'erreur de Puchta prend sa source dans sa conception du droit lui-même. Pour lui, le droit n'est pas une règle, donnée à la liberté, mais le produit exclusif de la liberté: le contenu et le but du droit, même dans le sens objectif, sont uniquement la reconnaissance de la personnalité humaine et de sa volonté, c'est-à-dire, de sa liberté. « Le premier principe du droit, dit-il (*Instit.*, p. 4), est la liberté. » Et plus loin : « Le « droit est la reconnaissance de la liberté juri- « dique qui émane des personnes, de leur volonté, « de leur action sur les objets. Il est lui-même « une volonté, d'abord de Dieu, ensuite de la « généralité des hommes qui sont liés par elle, « une volonté dirigée vers la reconnaissance de « la personne et de sa volonté (Ibid., p. 12.). » Même d'après cette définition, le droit n'est-il pas plutôt Ordre que Liberté ; car, enfin, la volonté de Dieu ne peut évidemment pas être confondue avec la liberté et le pouvoir juridique de Dieu ? La volonté de Dieu consiste-t-elle réellement et uniquement, dans le droit, à reconnaître la personnalité et sa volonté ? Ne consiste-t-elle pas aussi et surtout à maintenir debout, au-dessus des hommes vivant en société, certains liens obligatoires et certaines règles, qui sont logiquement *Sa* volonté et non celle de la personnalité humaine ?

En résumé , si le droit dans le sens objectif n'est autre chose que la reconnaissance de la liberté, alors, il faut en convenir, la synthèse du droit est un ensemble de droits (*jura*). Mais si le droit est avant tout un ordre moral, de telle sorte que la liberté n'est qu'une partie de cet ordre, alors la synthèse du droit est incontestablement un ensemble de règles , c'est-à-dire, d'institutions de droit.

CHAPITRE XI.

DIVISIONS DU DROIT

OU

DROIT PRIVÉ ET DROIT PUBLIC.

Toute la synthèse ou tout le système du droit se partage en deux vastes domaines.

Les rapports de droit sont de deux espèces, conformément au double caractère de la vie sociale. Il y a des rapports de droit qui concernent l'individu comme tel et qui l'aident à atteindre le but de son existence, en tant que celle-ci est un élément de la vie commune des hommes ; et il y a des rapports de droit destinés à gouverner les hommes en général, à les unir dans une vie commune et à conduire cette existence commune vers sa fin. Les premiers forment le droit privé ; les autres, le droit public.

Les rapports de droit privé sont donc : intégrité et liberté de la personne, biens, famille.

Les rapports de droit public sont l'État et l'Église. Les Romains disaient « *Publicum jus in sacris, in sacerdotibus, in magistratibus consistit.* » Voy. fr. 2, § 2, D., DE JUST. ET JURE, I, 1 (*Ulpien*). Depuis que l'Église a été distinguée de l'État par le christianisme, on l'a, dans diverses sociétés politiques, considérée comme objet d'une troisième espèce de droit, à côté du droit privé et du droit public. Aujourd'hui, pour les incroyants ou pour l'État qui ne la reconnaît pas, l'Église apparaît relativement comme chose privée, parce qu'elle n'existe qu'en vertu de la croyance subjective de ses membres. Mais en soi et pour les croyants, l'Église sera toujours et nécessairement une institution publique aussi bien que l'État. Qu'il me suffise de poser ici ce principe, dont le développement doit trouver sa place ailleurs.

Ce qui est partie ou fonction de l'État appartient aussi au droit public. Ainsi le droit provincial, le droit communal, le droit criminel, la procédure civile, le droit international.

Un rapport de droit peut appartenir à la fois au domaine du droit public et à celui du droit privé. Ainsi, par exemple, la procédure civile appartient au droit public pour tout ce qui concerne l'administration de la justice et le règlement des formes judiciaires, mais elle a aussi un caractère privé dans tout ce qui regarde les choses civiles litigieuses.

On place très-souvent l'essence du droit public dans l'intérêt général ; mais l'intérêt général n'est qu'une conséquence du droit public, dont le but essentiel est de régner sur tous et chacun et de réaliser l'unité de la vie sociale. La chose publique n'est pas seulement ce qui sert à l'intérêt de tous, elle constitue surtout une règle supérieure , dont la moralité s'élève bien au-dessus de tout intérêt. Cette observation est fort importante, car la conception de l'intérêt général comme fin dernière du droit public conduit à des conséquences extrêmes. Ainsi, par exemple, dans ce système, la peine criminelle n'aurait pour but que l'intérêt général ; la puissance publique ayant simplement pour mission de servir l'intérêt des hommes serait remise à la disposition arbitraire de ceux dont elle doit servir les intérêts particuliers ; etc.

En vertu de son indépendance morale et de sa personnalité, l'homme se trouve, au milieu des rapports de droit privé, pour lui-même, comme un tout parfait. Il est impliqué, au contraire, dans les rapports de droit public, parce qu'il est soumis à une puissance supérieure : il est placé au milieu des rapports de droit public comme membre de l'unité sociale soumise elle-même à une règle et ayant elle-même une fin générale à atteindre. Les rapports de droit privé peuvent donc aussi être réalisés par les individus ; mais les rapports de droit public ne peuvent l'être que par le fait de la communauté sociale.

Ainsi, dans le droit privé, le but de la règle juridique est toujours l'individu, quand même le mode de cette règle est conçu conformément à un but public. Dans le droit public, c'est la communauté comme telle qui est le but de la règle juridique. Là, les hommes sont considérés comme individus, isolés ou liés à d'autres individus : ici, ils n'apparaissent que dans leur communauté.

Un rapport concret de droit privé existe donc entres des personnes déterminées, tandis que chaque rapport concret de droit public constitue une institution objective. Le premier cesse toujours avec le changement des personnes ; le deuxième reste invariable. Une obligation, un mariage, une tutelle ne sont plus la même obligation, le même mariage où la même tutelle, quand ils ne concernent plus les mêmes personnes. Les hommes, les générations changent, mais l'État reste toujours le même état ; l'administration de la justice civile ou criminelle d'un État ne varie pas avec la succession des procès civils ou des causes criminelles.

Le droit public enveloppe le droit privé de toutes parts : celui-ci se trouve placé, pour ainsi dire, dans le giron de la communauté et reçoit des institutions publiques la garantie de son autorité et la sécurité.

« Le droit privé, dit Bacon (aph. 3 sq.), subsiste « pour ainsi dire à l'ombre du droit public ; car « c'est la loi qui garantit le citoyen, et le magistrat « qui garantit la loi. Or, l'autorité des magistrats « dépend de la majesté du commandement, de la « structure de la police, et des lois fondamentales. « Ainsi, pour peu que ces parties soient saines et « que la constitution soit bonne, les lois seront « bien observées et d'un heureux effet ; si non, on « y trouvera peu d'appui. — Or, l'objet du droit « public n'est pas seulement d'être une simple « addition au droit privé, de lui servir comme de « garde, d'empêcher qu'on ne le viole, et de faire « cesser les injures ; mais, de plus, il s'étend à la « religion, aux armes, à la discipline et aux embel- « lissements publics, à tous les moyens de puis- « sance ; en un mot, à tout ce qui concerne le « bien-être de la société. »

A ces réflexions du savant chancelier, il faut

ajouter que la liberté et les droits de la personne n'ont pas moins d'importance pour le droit public que pour le droit privé.

Pour les deux divisions du droit, l'homme reste toujours l'objet central et indivisible du Droit.

TABLE DES MATIÈRES.

—

Printed in Dunstable, United Kingdom

91219952R00221